WORKBOOK

Second Edition

MOSAICOS

Spanish as a World Language

Matilde O. Castells

Emerita, California State University, Los Angeles

with

Luz Font

Florida Community College, Jacksonville

Prentice Hall, Upper Saddle River, New Jersey 07458

Pearson Education ©1998 by Prentice Hall, Inc.
Simon & Schuster/A Viacom Company
Upper Saddle River, New Jersey 07458

Printed in the United States of America
10 9 8 7

ISBN: 0-13-915893-6

Prentice Hall International (UK) Limited, *London*
Prentice Hall of Australia Pty. Limited, *Sydney*
Prentice Hall Canada Inc., *Toronto*
Prentice Hall Hispanoamericana, S.A., *México*
Prentice Hall of India Private Limited, *New Delhi*
Prentice Hall of Japan, Inc. *Tokyo*
Prentice Hall of Southeast Asia Pte. Ltd, *Singapore*
Editora Prentice Hall do Brasil, Ltda., *Rio de Janeiro*

Contents

To the instructor

This *Workbook* accompanies *Mosaicos: Spanish as a World Language, Second Edition*. The wide variety of activities in the *Workbook* have been designed to help students develop their reading and writing skills while practicing the vocabulary and grammatical structures presented in each *lección*.

The structure of the *Workbook* parallels that of the text, with sections corresponding to *A primera vista, Explicación y expansión*, and *Mosaicos*. Students first review the vocabulary presented in the *A primera vista* section through activities such as matching, identification, definitions, word puzzles, and completions. These activities reinforce the vocabulary presented in class and make students feel more confident to use the new lexicon in various meaningful contexts.

The *Explicación y expansión* section presents contextualized activities in a wide variety of formats to provide a meaningful and natural framework for students to practice the functions and structures introduced in the *lección*. Activities include multiple choice, fill-ins and completions, answering questions, extracting information needed to complete an activity, etc. The *Explicación y expansión* section begins with a *Síntesis gramatical* which provides a summary of the structures presented in each *lección*.

The *Mosaicos* section provides significant practice in reading and writing and complements the strategies that are presented in the text. Pre- and post-reading activities will help students to develop their ability to read a variety of high-interest, authentic Spanish texts. To improve the students' writing skills, there are pre-and post-writing activities that guide them through the writing process.

An *Answer Key* for the *Workbook* is available separately for instructors and students.

We would like to thank Luz Font for her work in revising and preparing new activities for the *Workbook*. We would also like to acknowledge the collaboration of Juana Amelia Hernández, who prepared the first edition of this workbook, for the activities that were kept or adapted for the second edition. Thanks are also due to Amy Nauss-Millay for collaborating in the preparation of reading and writing activities.

To the student

This *Workbook* is designed to accompany *Mosaicos: Spanish as a World Language, Second Edition.* The *Workbook* activities will help you further develop your reading and writing skills while practicing the vocabulary and grammatical structures presented in your text.

Each lesson in the *Workbook* is divided into the same three sections as the corresponding lesson in your text: *A primera vista*, *Explicación y expansión*, and *Mosaicos*. In the *A primera vista* section, you review the vocabulary through matching, identification, definitions, word puzzles, completions, and other activities. These activities reinforce the vocabulary presented in class, so you will feel more confident in using these words in real-life situations.

The *Explicación y expansión* section presents a wide variety of contextualized activities and provides a natural setting for you to practice the new grammar structures introduced in the lesson. Activities include multiple-choice, fill-ins and completions, answering questions, extracting information needed to complete an activity, and so forth. This section begins with a grammar summary that reviews the grammatical structures presented in the lesson. You can refer to the summary as you work on activities if you need to review a grammar topic.

The *Mosaicos* section draws on the vocabulary and grammar presented in the lesson in a series of fun activities that help you develop your skills in reading and writing. Interesting, authentic Spanish texts are presented with activities designed to help you understand the text and improve your reading skills. The first activity sets the stage for the reading selection and introduces you to the vocabulary and topic treated in the reading. This pre-reading activity prepares you to face the reading with confidence. The reading selection is accompanied by comprehension activities that help you identify and understand the key points of the reading. These post-reading activities provide you with an opportunity to assess your comprehension of the reading. Likewise, a series of writing activities are presented in each lesson to guide you through the writing process. Before you begin the writing assignment, a pre-writing activity helps you organize your thoughts and focuses you on the writing topic. The writing task is followed by another activity in which you review the writing topic or return to your writing to check and revise your work. This series of writing activities develops your skills as a writer and helps you communicate well in Spanish.

Lección preliminar
Bienvenidos

Las presentaciones

B-1 Presentaciones. How would you reply to the following statements or questions? Circle the appropriate response in each case.

1. Me llamo María Sánchez. Y ¿tú?
   a) ¿Cómo se llama usted?
   b) Mucho gusto.
   c) Me llamo Adela Pérez.

2. Mucho gusto.
   a) ¿Cómo te llamas?
   b) Igualmente.
   c) Eduardo López.

3. ¿Cómo se llama usted?
   a) Marina Camacho.
   b) Encantado.
   c) Mucho gusto.

4. Encantada.
   a) Me llamo Antonio Lazo.
   b) ¿Cómo te llamas?
   c) Igualmente.

B-2 Más presentaciones. During the day different people may use these expressions when speaking to you. Write your response to each of the following statements or questions.

1. –Encantado. _____

2. –María, mi amigo Carlos. _____

3. –¿Cómo se llama usted? _____

4. –Mucho gusto. _____

5. –¿Cómo te llamas? _____

Saludos, despedidas, expresiones de cortesía

B-3 Saludos. Your friends come over at different times. Write what you would say to greet each one.

MODELO: 11:00 A.M. *Buenos días.*

1. 9:00 a.m. _____

2. 3:00 p.m. _____

3. 10:30 a.m. _____

4. 12:10 p.m. _____

5. 10:00 p.m _____

B-4 ¿Cómo está(s)? Circle the best completion to each question.

1. Buenos días, señor Martínez. ¿Cómo. . .

   a) está usted?

   b) estás?

2. ¡Hola, Elena! ¿Cómo. . .

   a) está usted?

   b) estás?

3. Buenas noches, señora Peña. ¿Cómo. . .

   a) está usted?

   b) estás?

4. ¿Qué tal, Alberto? ¿Cómo. . .

   a) está usted?

   b) estás?

B-5 ¿Qué tal? Combine the scrambled phrases below, writing expressions (A) and their corresponding responses (B) in the chart. (There are more items than you will need.)

¡Hola! ¿Cómo estás?	Muy mal, muy mal.	Gracias.
Lo siento.	Muy bien ¿y tú?	Buenos días.
Hasta mañana	Regular.	Adiós.
¡Hola!	¿Qué tal?	Hasta luego.

A	B

B-6 Situaciones. What Spanish expression would you use in the following situations? Write the letter of the appropriate expression next to each situation.

_____ 1. You spilled a cup of coffee on your friend.

_____ 2. You want your friend to lend you her class notes.

_____ 3. You want your father to lend you money.

_____ 4. Your mother thanks you for helping her.

_____ 5. You greeted a stranger thinking he was someone you knew.

a. Perdón

b. De nada

c. Por favor

B-7 Más situaciones. Write the Spanish expressions you would use in the following contexts.

1. Someone opens the door for you. _____

2. Your classmate thanks you for helping her with the homework. _____

3. You want to get someone's attention. _____

4. Your friend received a D on an exam. _____

5. You sneezed while talking to your professor. _____

6. You ask a friend for a loan. _____

Identificación y descripción de personas

B-8 Cognados. Write the opposite of each cognate.

1. materialista _____

2. parcial _____

3. optimista _____

4. extrovertido/a _____

5. pasivo/a _____

6. cómico/a _____

B-9 No, no. You disagree with everything your friend says. Contradict each of her statements, according to the model.

MODELO: – Tú eres materialista.
         – *No, yo no soy materialista. Soy idealista.*

1. Tú eres impaciente. _____

2. Juan es activo. _____

3. Julio es incompetente. _____

4. Tú eres pesimista. _____

5. Rebeca es tímida. _____

B-10 Descripciones. Write a description of each person using as many of the following adjectives as possible. Use the correct form of the verb **ser.**

materialista	extrovertido	inteligente	eficiente	generoso	serio
sentimental	activo	liberal	optimista	competente	impaciente
pesimista	religioso	romántico	moderno		

1. Mi mejor (*best*) amigo/a _____.

2. Yo _____.

3. El Presidente de los Estados Unidos (*USA*) _____.

4. Mi actor favorito/actriz favorita _____.

5. Mi profesor/a _____.

6. Mi compañero/a de cuarto (*roommate*) _____.

B-11 ¡A escribir! Write a brief description of two of your friends (one male and one female). What are they like? What are they not like? Describe them in as much detail as you can.

amigo:

_____

_____

_____

_____

_____

amiga:

_____

_____

_____

_____

_____

¿Qué hay en el salón de clase?

B-12 Personas y cosas. Indicate which two classroom objects you associate with each person, place or thing.

borrador	cuaderno	mesa	libro	escritorio	tiza
pupitre	bolígrafo	mochila	grabadora	computadora	cesto

1. El profesor: _____

2. El/La estudiante: _____

3. El salón de clase (*classroom*): _____

4. La pizarra: _____

5. El escritorio: _____

¿Dónde está?

B-13 El director. You are directing a play and you want the actors to be in certain places on the stage. You have made a drawing to guide them. Write down the location of each actor or actress as shown on the drawing.

MODELO: Amanda
   Amanda está enfrente de la puerta.

1. Alberto _____

2. Luis _____

3. El bebé _____

4. Mónica _____

5. Inés _____

6. Felipe _____

B-14 El salón de clase. Give the locations of the following objects and person in your Spanish class using the boxed phrases.

enfrente de	al lado de	debajo de
sobre	detrás de	entre

MODELO: el mapa: *El mapa está al lado de la puerta.*

1. el/la profesor/a:

   _____

2. el cesto:

   _____

3. la ventana:

   _____

4. la mochila:

   _____

5. el reloj:

   _____

Los números 0–99

B-15 En la librería. The bookstore manager is ordering supplies for the semester. Complete the list by writing out the numbers in parentheses.

1. (65) bolígrafos _____

2. (90) cuadernos _____

3. (54) casetes _____

4. (12) diccionarios _____

5. (25) calculadoras _____

B-16 Obras y cortes. This city map shows the streets (**calles**) and plazas of Madrid undergoing repair (**obras**) and the ones closed to traffic (**cortes**). Give the information requested. Spell out the numbers.

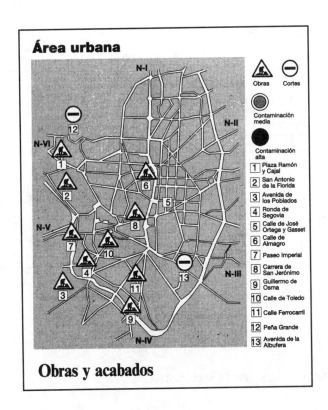

1. Número de obras: _____

2. Número de cortes: _____

3. ¿Dónde está la obra uno? _____

4. ¿Dónde está la obra diez? _____

5. ¿Dónde está el corte doce? _____

B-17 Preguntas personales. Answer the following questions.

1. ¿Cuál es tu dirección?

   _____

2. ¿Cuál es tu número de teléfono?

   _____

3. ¿Cuál es la dirección de tus abuelos (*grandparents*)?

   _____

4. ¿Cuál es el número de teléfono de tus abuelos?

   _____

5. ¿Cuál es la dirección de tu mejor (*best*) amigo?

   _____

6. ¿Cuál es el número de teléfono de tu mejor amigo?

   _____

Los días de la semana y los meses del año

B-18 Días de la semana. Match each statement on the left with the appropriate day of the week.

1. The first day of the weekend.   ____ lunes

2. The first day of the week on calendars in most
   Hispanic countries.   ____ martes

                                                                   ____ jueves

3. The last day of the week on calendars in most
   Hispanic countries.
                                                                   ____ viernes

4. Thanksgiving is celebrated on this day.   ____ sábado

5. When the 13th falls on this day, some people
   consider it bad luck.   ____ domingo

B-19 Preguntas. Answer these questions.

1. ¿Qué día es hoy?

_____

2. ¿Qué día es mañana?

_____

3. ¿Qué días hay clase en la universidad?

_____

4. ¿Cuál es la fecha de hoy?

_____

5. ¿Cuántos días hay en abril?

_____

B-20 Los meses. In which month do these holidays take place? Match each holiday with a month.

1. el Día del Trabajo (*Labor Day*)   _____ julio

2. el Día de Año Nuevo (*New Year's Day*)   _____ septiembre

3. el Día de San Patricio   _____ diciembre

4. el Día de Acción de Gracias (*Thanksgiving*)   _____ febrero

5. el Día de la Raza (*Columbus Day*)   _____ enero

6. el Día de la Independencia   _____noviembre

7. el Día de Navidad (*Christmas*)   _____ octubre

8. el Día de los Presidentes   _____ marzo

B-21 Fecha de exámenes. There is a new student in your class, and she is asking you for the dates of the major exams. Write out the dates for her.

MODELO: 22/3   *el 22 de marzo*

1.   6/4 _____

2.   13/6 _____

3.   7/8 _____

4.   10/5 _____

5.   14/9 _____

La hora

B-22 ¿Qué hora es? Your co-worker is constantly telling everyone the time. Draw in the hands on the clocks' faces corresponding to each of the times he tells.

MODELO: *Son las once y media.*

1.   2.   3.   4.   5.

1.   Son las nueve y media.

2.   Son las ocho menos cuarto.

3.   Es la una y diez.

4.   Son las cuatro menos cinco.

5.   Son las doce en punto.

Nombre: _____   Fecha: _____

B-23 La hora. Write out the indicated times in Spanish.

MODELO: 2:20 p.m. *Son las dos y veinte de la tarde.*

1. 8:30 a.m   _____

2. 3:40 p.m.   _____

3. 6:35 a.m.   _____

4. 7:30 p.m.   _____

5. 1:15 p.m.   _____

6. 10:45 p.m.   _____

B-24 Una graduación. You have received this invitation to attend your friend Irene's graduation (**colación de grados**) from medical school. Answer the following questions with information from the invitation.

1   ¿Qué día de la semana es la graduación?

_____

_____

2.   ¿Qué fecha del mes es la graduación?

_____

_____

3.   ¿A qué hora es la colación de grados?

_____

_____

4.   ¿Dónde es la graduación?

_____

_____

5.   ¿Dónde está el Teatro La Perla?

_____

_____

> La Junta de Síndicos,
> El Presidente y Decano
> La Facultad
> y la
> Clase Graduanda
> de la
> Escuela de Medicina de Ponce
> Tienen el placer de
> Invitarle a su
> Decimotercera Colación de Grados
> que se celebrará el
> sábado, 29 de mayo de 1993
> a las 10:00 A.M.
> en el
> Teatro La Perla de Ponce

Lección 1
Los estudiantes y la universidad

A PRIMERA VISTA

1-1 Los estudios de María, Jorge y Felipe. Circle the courses the following students are probably taking according to their major.

1. María Gutiérrez is majoring in business administration.

filosofía	química	álgebra	sicología	cálculo
economía	geografía	historia	trigonometría	literatura

2. Jorge Mena is majoring in social studies.

álgebra	historia	economía	biología
sociología	psicología	geometría	física

3. Felipe González is majoring in pre-medicine.

sociología	informática	física
biología	química	contabilidad

4. Dora Linares is majoring in humanities.

español	literatura	contabilidad
cálculo	historia	trigonometría

5. Now, write down the courses you are taking this semester.

_____   _____   _____

_____   _____   _____

1-2 ¿Cómo son las clases? Describe the following courses using one of these adjectives: **interesante, fácil, difícil, excelente, popular, aburrido/a.**

MODELO: química   *La clase de química es difícil.*

1. biología _____

2. literatura _____

3. informática _____

4. cálculo _____

5. español _____

6. historia _____

1-3 En la universidad necesitamos . . . Indicate which item best completes each statement by circling the corresponding letter.

1. Hay una grabadora en mi clase de. . .
   a. matemáticas
   b. español
   c. economía

2. Compro un libro en la. . .
   a. biblioteca
   b. clase
   c. librería

3. Juan estudia. . . en la clase de geografía.
   a. los mapas
   b. los diccionarios
   c. las computadoras

4. David y Ana escuchan los casetes en. . .
   a. el laboratorio
   b. el gimnasio
   c. la cafetería

5. En la clase de informática tengo. . .
   a. una grabadora
   b. una computadora
   c. una mochila

6. Compro una calculadora para mi clase de. . .
   a. antropología
   b. inglés
   c. álgebra

1-4 Actividades. Where would these activities take place? Match the activity with the most appropriate place. There could be more than one activity per place.

1. _____ conversar con amigos
2. _____ escuchar los casetes
3. _____ comprar cuadernos
4. _____ tomar café
5. _____ trabajar
6. _____ practicar español
7. _____ llamar a los clientes
8. _____ buscar libros

a. el laboratorio de lenguas
b. la cafetería
c. la oficina
d. la librería

EXPLICACIÓN Y EXPANSIÓN

Síntesis gramatical

1. Subject pronouns

SINGULAR		PLURAL	
yo	*I*	nosotros, nosotras	*we*
tú	*you* (familiar)	vosotros, vosotras	*you* (familiar)
usted	*you* (formal)	ustedes	*you* (formal)
él	*he*	ellos	*they*
ella	*she*	ellas	*they*

2. Present tense of regular *-ar* verbs

hablar (*to speak*)

SINGULAR		PLURAL	
yo	hablo	nosotros/as	hablamos
tú	hablas	vosotros/as	habláis
Ud., él, ella	habla	Uds., ellos, ellas	hablan

3. Definite and indefinite articles

	SINGULAR			PLURAL		
	MASC.	FEM.		MASC.	FEM.	
DEFINITE ARTICLES	el	la	*the*	los	las	*the*
INDEFINITE ARTICLES	un	una	*a/an*	unos	unas	*some*

4. Present tense of the verb *estar* (*to be*)

yo	estoy	*I*	*am*
tú	estás	*you*	*are*
Ud., él, ella	está	*you are, he/she*	*is*
nosotros/as	estamos	*we*	*are*
vosotros/as	estáis	*you*	*are*
Uds., ellos, ellas	están	*you are, they*	*are*

Subject pronouns

1-5 Pronombres personales. Fill in the Spanish pronouns to indicate who is doing what.

1. _____ sacamos buenas notas. (*we*)

2. _____ estudia contabilidad. (*he*)

3. _____ trabajan con computadoras. (*you pl.*)

4. _____ llegas a la universidad por la mañana. (*you fam.*)

5. _____ miro televisión todos los días. (*I*)

6. _____ bailan los fines de semana. (*they*)

1-6 ¿Quién? Complete each conversation with the correct subject pronoun.

MODELO: *Yo* estudio español.

1. MARÍA: Ana, _____ hablas español muy bien.

   ANA: Gracias. _____ practico con los chicos de la clase y
   _____ hablamos mucho.

2. PEDRO: Olga y Marta estudian antropología.

   DAVID: No, _____ estudian historia del arte.

   PEDRO: ¿Y qué estudias _____, David?

   DAVID: _____ estudio ciencias sociales.

3. FELIPE: Amanda trabaja con don Carlos. ¿Y con quién trabaja _____,
   señorita Pérez?

   SRTA. PÉREZ: _____ trabajo con la Sra. Domínguez.

Present tense of regular *-ar* verbs

1-7 Actividades de los estudiantes. Indicate which word best completes the statement by circling the corresponding letter.

1. Cecilia. . . mucho en la discoteca.

   a. bailas   b. baila   c. bailan

2. José. . . en el gimnasio.

   a. está   b. estamos   c. estoy

3. Las estudiantes. . . televisión por la noche.

   a. miran   b. miras   c. miro

4. Tú. . . en un restaurante elegante.

   a. trabajo   b. trabaja   c. trabajas

5. Yo. . . a mis amigos los fines de semana.

   a. llaman   b. llamamos   c. llamo

1-8 Más actividades. What do these people do on a regular basis? Write sentences using the correct form of the verb.

MODELO: yo /escuchar/ los casetes /en el laboratorio
        Yo escucho los casetes en el laboratorio.

1. nosotros /mirar/ televisión

    _____

2. él /trabajar/ en la cafetería

    _____

3. yo /llegar/ a las 10:00 a.m.

    _____

4. ellos /bailar/ en una discoteca

    _____

5. tú / conversar/ con tus amigos/ en la plaza

    _____

6. ustedes /tomar/ mucha agua (*water*)

    _____

1-9 Preguntas personales. Answer these questions about yourself and your classmates.

1. ¿Dónde estudias este semestre/trimestre?

    _____

2. ¿Trabajas este semestre/trimestre? ¿Dónde?

    _____

3. ¿Qué hablan ustedes en la clase de español?

    _____

4. ¿Dónde escuchan ustedes los casetes?

    _____

5. ¿Cuánto cuesta el libro de español?

    _____

Articles and nouns: gender and number

1-10 Artículos. Write the appropriate definite and indefinite articles for each word.

el, la, los, las, un, una, unos, unas

1. _____ videocasetera
2. _____ cestos
3. _____ reloj
4. _____ programa
5. _____ universidades

6. _____ cuadernos
7. _____ día
8. _____ lección
9. _____ libro
10. _____ oficinas

1-11 ¿Qué artículo? Complete each conversation with the correct article.

1. **un, una**

   MARÍA: ¿Qué necesitas, Josefina?

   JOSEFINA: _____ cuaderno y _____ lápiz. ¿Y tú?

   MARÍA: _____ grabadora y _____ bolígrafo.

2. **el, la**

   JULIO: ¿A qué hora es _____ clase de español?

   ALFREDO: A _____ una.

   JULIO: ¿Y dónde está _____ profesor? Ya es _____ una y diez.

3. **los, las**

   CECILIA: ¿Cuánto cuestan _____ bolígrafos y _____ calculadoras?.

   DEPENDIENTE: _____ bolígrafos cuestan cuatro dólares. _____ calculadoras cuestan veinticinco dólares.

   CECILIA: Compro dos bolígrafos, por favor.

4. **el, la, los, las**

   MARTA: ¿Dónde escuchas _____ casetes?

   ANTONIO: En _____ laboratorio.

   MARTA: ¿Por _____ tarde?

   ANTONIO: Sí, a _____ cuatro o a _____ cinco.

5. **el, la, los, las**

   PEDRO: ¿Quién es Julio Álvarez?

   MARINA: _____ dependiente de _____ librería.

   PEDRO: ¿Qué días trabaja?

   MARINA: _____ lunes y _____ miércoles. Él trabaja por _____ tarde. _____
              sábados trabaja por _____ mañana.

6. **un, una, unos, unas**

   LUZ: ¿Qué hay en el salón de clase?

   DIANA: _____ pupitres, _____ sillas, _____ cesto y _____ pizarra.

   LUZ: ¿Qué hay sobre el escritorio?

   DIANA: _____ computadora y _____ diccionario.

1-12 Contradicciones. Your friend likes to contradict everything you say. To find out what he would say, substitute the words in parantheses for the *italized* words and make any necessary changes.

MODELO: Hay *una tiza* en la pizarra. (borrador)
        No, hay un borrador en la pizarra.

1. Hay *una estudiante* en la biblioteca. (profesores)

   _____

2. Hay *un mapa* en el salón de clase. (cesto)

   _____

3. Hay *un niño* en la plaza. (señoritas)

   _____

4. Hay *un dependiente* en la librería. (señora)

   _____

5. Hay *unos lápices* en el escritorio. (calculadora)

   _____

1-13 El plural. What are these people doing? Change these sentences by making the *italized* words plural. Do not forget to use the appropriate form of the verb.

MODELO: *Él estudia con un amigo.*
Ellos estudian con unos amigos.

1. *Usted* busca *el mapa*.

   _____

2. Yo bailo con *un actor*.

   _____

3. *Tú* compras *el diccionario* y *el lápiz*.

   _____

4. *Ella* estudia mucho para *la clase*.

   _____

5. *El profesor* no trabaja *el domingo*.

   _____

Present tense of the verb *estar*

1-14 Diálogos. A new student is requesting information. Write a brief conversation by combining the following questions and answers.

¿Dónde está el laboratorio de lenguas?	Estoy bien, gracias.
Hola, ¿cómo estás?	Está en la Facultad de Humanidades.
Está regular.	¿Y dónde está?
En el gimnasio.	¿Cómo está el profesor López?

el/la estudiante nuevo/a   Usted

_____   _____

_____   _____

_____   _____

_____   _____

1-15 ¿Dónde están? You are explaining to your classmates where they can find these people and at what time. Choose places from the box and write sentences using the verb **estar**. Write out the time.

la biblioteca	el café	el gimnasio	el laboratorio
la oficina	la casa	la discoteca	la clase

MODELO: nosotros / 2:40 p.m.
   Nosotros estamos en el laboratorio a las tres menos veinte de la tarde.

1. yo / 8:00 a.m. _____

2. ustedes / 1:30 p.m. _____

3. ellas / 10:10 a.m. _____

4. usted / 9:15 p.m. _____

5. tú / 3:45 p.m. _____

1-16 Preguntas generales. Answer these questions explaining where these things and people are and how they are doing. Use the verb **estar**.

1. ¿Dónde estamos nosotros a las 8:00 p.m.?

   _____

2. ¿Dónde estás tú a las 10:00 a.m.?

   _____

3. ¿Dónde está el diccionario?

   _____

4. ¿Dónde están los chicos?

   _____

5. ¿Dónde está el profesor/la profesora?

   _____

6. ¿Dónde está el Presidente de los Estados Unidos?

7. ¿Cómo está el presidente?

_____

8. ¿Cómo estás tú?

_____

ALGO MÁS: Some regular -er and -ir verbs

1-17 ¿Qué hacen? What do these people do? Fill in the blanks with the correct form of the verb in parentheses.

1. Él _____ (comer) pizza.

2. Yo _____ (leer) mucho en la clase de literatura.

3. Tú _____ (leer) y _____ (escribir) muy bien.

4. ¿Dónde _____ (aprender) tú a bailar?

5. ¿_____ (escuchar) Ud. los casetes en la casa o en el laboratorio?

6. Rosana no _____ (escribir) con lápiz.

1-18 Entrevista. Answer the following questions.

1. ¿Qué comes por la mañana?

_____

2. ¿Dónde aprendes a trabajar con computadoras?

_____

3. ¿Dónde vive el Presidente de los Estados Unidos?

_____

4. ¿Lee Ud. novelas de misterio?

_____

5. ¿Dónde trabajan los profesores?

_____

6. ¿Qué tomas en un restaurante mexicano?

_____

MOSAICOS

A leer

1-19 Clases de alemán(*German*). You are looking for a German class. Read the following ad and provide the information requested.

1. Nombre de la institución

    _____

2. ¿En qué ciudad *(city)* está?

    _____

3. Número de teléfono

    _____

4. ¿A qué horas hay clases?

    _____

5. ¿Cuánto cuesta?

    _____

6. Horas de clase por semana

    _____

1-20 Estudiar en Madrid. You have decided to apply for admission to a summer program in Spain. Complete the following form.

SOLICITUD DE ADMISION EN EL CENTRO DE ESTUDIOS "SAINT LOUIS UNIVERSITY" EN MADRID   Impreso S

La solicitud es para: Año Académico 19............ - 19............

.... Sección Inglesa
.... Sección española

PARTE I
(A rellenar por el solicitante)

Por la presente solicito la admisión en el Centro de Estudios de Saint Louis University en Madrid para el año .... Caso de ser aceptada mi solicitud, me comprometo a acatar la supervisión y autoridad del Director, así como el reglamento interno necesario para la buena administración del Programa. En todo momento me comportaré como un representante responsable de mi colegio y país. Entiendo, asimismo, que la asistencia a todas las clases y a las reuniones generales son obligatorias.

Fecha .... Firma ....

N.º de D. N. I. o pasaporte ....

PARTE II
(A rellenar por el solicitante)

Nombre ( ) Sr. ( ) Srta. ( ) Sra. ....

Primer Apellido   Segundo Apellido   Nombre

Domicilio habitual ....

Calle y número   Ciudad   D.P.

Teléfono ....

A escribir

1-21 Preparación: Vida universitaria. You are going to a college away from home. Your parent has written you a letter, asking many questions about your new life. Answer with as much detail as possible.

1. ¿Qué clases tomas? ¿A qué hora? ¿Qué días?

   _____

2. ¿Cómo son las clases? ¿Y los profesores?

   _____

3. ¿Estudias mucho? ¿dónde, en la biblioteca, el laboratorio de lenguas o en casa?

   _____

4. ¿Dónde trabajas? ¿A qué hora? ¿Qué días?

   _____

1-22 Una carta. Write your parent a brief letter about your college life, using information from the previous exercise. Also, tell what your friends are like and what you do on weekends. Provide any other information you think would be helpful.

24/10/___

Querida mamá:

———

———

———

———

———

———

———

———

———

———

Te quiero,

————————————————————

Los amigos hispanos

A PRIMERA VISTA

2-1 Asociación. The words in the left column are the opposites of those in the right column. Match them accordingly.

1. baja   _____ antipático

2. simpático   _____ triste

3. débil   _____ tonto

4. alegre   _____ alta

5. listo   _____ fuerte

6. casada   _____ soltera

2-2 Crucigrama (*crossword puzzle*). **¿Cómo es esta persona?** Solve the following clues to find out more about this person.

1. No es bajo.

2. Es inteligente.

3. No es viejo.

4. No es gordo.

5. No es rubio.

6. No tiene dinero (*money*).

2-3 Opuestos. You do not agree with the descriptions of the characters in a book review of a novel you just read. Correct each description using the opposite adjective.

MODELO: Juan no es malo, es *bueno.*

1. Olga no es callada, es _____.

2. Carlos no es perezoso, es _____.

3. Mariluz no es fea, es _____.

4. Ramón no es pobre, es _____.

5. Sebastián no tiene pelo largo, tiene pelo _____.

EXPLICACIÓN Y EXPANSIÓN

Síntesis gramatical

1. Adjectives

	MASCULINE	FEMININE
SINGULAR	chico alto	chica alta
PLURAL	chicos altos	chicas altas

	MASCULINE	FEMININE
SINGULAR	amigo interesante	amiga interesante
	chico popular	chica popular
PLURAL	amigos interesantes	amigas interesantes
	chicos populares	chicas populares

	MASCULINE	FEMININE
SINGULAR	alumno español	alumna española
	alumno trabajador	alumna trabajadora
PLURAL	alumnos españoles	alumnas españolas
	alumnos trabajadores	alumnas trabajadoras

2. Present tense of the verb *ser*

yo	soy	nosotros/as	somos
tú	eres	vosotros/as	sois
Ud., él, ella	es	Uds., ellos/as	son

3. *Ser* and *estar* with adjectives

ser + *adjective* → norm; what someone or something is like
estar + *adjective* → comments on something; change from the norm; condition

4. Question words

cómo	*how/what*	cuál/es	*which*
dónde	*where*	quién/es	*who*
qué	*what*	cuánto/a	*how much*
cuándo	*when*	cuántos/as	*how many*
por qué	*why*		

Adjectives

2-4 Opiniones. Circle all the adjectives that could describe these people.

1. Su mamá es. . .

    a. habladora   b. gordo   c. ricas   d. bonita

2. Su papá no es. . .

    a. materialista   b. fea   c. viejo   d. rubio

3. Las estudiantes son. . .

    a. simpáticos   b. populares   c. inteligentes   d. atléticas

4. Los profesores son. . .

    a. débil   b. agradables   c. listas   d. trabajadores

5. Robin Williams es. . .

    a. extrovertido   b. cómico   c. callados   d. simpático

2-5 ¿De dónde son? Use adjectives of nationality to describe the following people, place, and things.

1. Gloria Estefan es una cantante _____.

2. Hugh Grant es un actor _____.

3. Bogotá es una ciudad *(city)* _____.

4. Canadá y México son dos países *(countries)* _____.

5. *Hola y adiós* son unas palabras_____.

2-6 Descripciones. Your pen pal from Guatemala writes to you with the following questions. Answer the questions using as many adjectives as possible.

1. ¿Cómo son las chicas de la clase de español?

   _____

2. ¿Cómo son tus amigos?

   _____

3. ¿Cómo es Madonna?

   _____

4. ¿Cómo es Arnold Schwarzenegger?

   _____

5. ¿Cómo eres tú?

   _____

Present tense and some uses of the verb *ser*

2-7 ¿De quién es? You notice that your friends left some things behind in the language lab. Write sentences telling to whom each object belongs.

MODELO: ¿el libro?(Marta)
   Es de Marta.

1. ¿el cuaderno? (José y María) _____

2. ¿los lápices? (Alfonso) _____

3. ¿el libro? (Lourdes) _____

4. ¿el diccionario? (Rita) _____

5. ¿los casetes? (Ernesto y Ana) _____

2-8 ¿De quién? ¿De quiénes? You are studying at a university in a Spanish-speaking country and showing a friend around. Explain what you see, writing the word(s) that correctly complete(s) each sentence.

de	del	de la	de los	de las

1. Los libros son _____ señora Ramírez.

2. El mapa es _____ profesor de historia.

3. Siete _____ estudiantes son mexicanos.

4. Es una clase _____ español.

5. El cuaderno es _____ mi amigo Juan.

6. Los casetes son _____ profesores _____ español.

2-9 Preguntas generales. There is a new international student in your Spanish class. Answer her questions using the verb **ser.**

1. ¿De dónde eres?

   _____

2. ¿A qué hora es el examen de historia?

   _____

3. ¿Dónde son los exámenes finales?

   _____

4. ¿De quién es esa (*that*) mochila?

   _____

Ser and *estar* with adjectives

2-10 ¿Cómo se dice? Use the correct form of **ser** or **estar** after determining if the situation describes a norm or a change from the norm.

Situación	Descripción
1. Marta *is* always in a good mood. She *is* a happy person.	Marta _____ feliz.
2. Today Marta received a D on her test and she *is* not herself. Martha *is* sad.	Marta _____ triste.
3. Anita just got an A on her biology exam. She *is* happy.	_____ contenta.
4. Felipe *is* always a good boy and today *is* no exception.	_____ un buen chico.
5. In New Mexico it rains very little in summer and the grass *is* always brown. This year it rained a lot. The grass *is* green.	La hierba (*grass*) _____ verde.
6. Pippins *are* good apples. One can recognize them because they *are* green.	_____ verdes.
7. Everyone agrees about the taste of sugar. It *is* sweet.	_____ dulce (*sweet*).
8. Juan *is* used to the warm water of Puerto Rican beaches. Today when he jumped into the water in Santa Monica Bay, he shouted: "..."	"¡El agua _____ fría!"

2-11 ¿Ser o estar? Fill in the blanks with the correct form of **ser** or **estar**.

1. Isabel _____ de Cuba.

2. Carlos y Micaela _____ en la clase hoy.

3. ¿Quién _____ esa chica?

4. Pepe y yo _____ muy contentos hoy.

5. Enriqueta y Amanda _____ altas y delgadas.

6. Lucas _____ boliviano, pero ahora _____ en Nueva York con su familia.

7. Felipe _____ triste hoy.

8. La fiesta _____ en la universidad a las 3:00.

2-12 Una fiesta. Cecilia Linares is giving a birthday party for her friend Adelina. Complete the following paragraphs by using the correct form of **ser** or **estar**.

Hoy (1) _____ viernes. (2) _____ las ocho de la noche y hay una fiesta de

cumpleaños para Adelina. Su amiga Cecilia Linares (3) _____ muy ocupada porque

(4) _____ el cumpleaños de Adelina y la fiesta (5) _____ en su casa. Adelina

(6) _____ peruana. Ella (7) _____ una chica habladora, simpática y muy

cómica.

En la fiesta, los amigos de Adelina bailan y cantan canciones populares. Cecilia y Adelina

(8) _____ en la terraza *(terrace)*. Ellas conversan con unas amigas y escuchan música.

Adelina (9) _____ muy contenta con su fiesta y todos sus amigos comentan que

(10) _____ una fiesta divertida.

2-13 Conversación telefónica. Your mother is in a South American country on a business trip. She is talking on the phone with your little brother Tito. What is she saying? Complete their dialogue by writing her side of the conversation.

TITO: ¡Hola mamá!

MAMÁ: _____

TITO: Estoy bien. ¿Y tú?

MAMÁ: _____

TITO: ¿Dónde estás?

MAMÁ: _____

TITO: ¿Cómo se llama el hotel?

MAMÁ: _____

TITO: ¿Cómo es?

MAMÁ: _____

TITO: ¿Está enfrente de la playa *(beach)*?

MAMÁ: _____

TITO: ¿Cuándo regresas *(do you come back)*?

MAMÁ: _____

TITO: Son las cuatro y media de la tarde.

MAMÁ: _____

TITO: Papá está en el supermercado.

Question words

2-14 Asociaciones. Match each question in the left column with the correct response in the right column by writing the number of the question in the space provided.

A	B
1. ¿Cómo te llamas?	_____ Inglés y español.
2. ¿De dónde eres?	_____ Calle Sol, número dos.
3. ¿Qué lenguas hablas?	_____ En la cafetería.
4. ¿Dónde trabajas?	_____ María Delgado.
5. ¿Cuál es tu dirección?	_____ Cinco.
6. ¿Cuál es tu número de teléfono?	_____ Es el 799-4091.
7. ¿Por qué estás en California?	_____ De Chile.
8. ¿Cuántas clases tomas?	_____ Estudio en la universidad.

2-15 ¿Quién? ¿Cuándo? ¿Cómo? Complete the dialogues with the most appropriate question words.

1. —¿ _____ es la capital de España?

   —Es Madrid.

2. —¿ _____ es el concierto?

   —Es el sábado.

3. —¿ _____ cuesta el libro de física?

   —Cuesta $99 dólares.

4. —¿ _____ es Antonio Banderas?

   —Es muy guapo.

5. —¿ _____ estudiantes hay en la clase de español?

   —Hay 22 estudiantes más o menos.

6. —¿ _____ es el Presidente de los EE.UU.?

   —Es Bill Clinton.

7. —¿ _____ no caminas por la playa?

   —Porque estoy cansada.

8. —Estudias mucho, ¿_____?

   —Sí. Estudio todos los días.

2-16 ¿Cuál es la pregunta? Ask the questions that would produce these answers.

MODELO: La clase es interesante.
　　　　¿Cómo es la clase?

1. El profesor está enfrente de la clase.

   _____

2. Un elefante es un animal muy grande.

   _____

3. Hay 15 personas en el café.

   _____

4. La recepción es en el coliseo.

   _____

5. El Sr. Ruiz es el papá de Ángela.

   _____

2-17 Entrevista. You have the opportunity to interview your favorite celebrity. Who is he/she? Write at least five questions you would like to ask this person.

1. _____

2. _____

3. _____

4. _____

5 _____

ALGO MÁS: Expressions with *gustar*

2-18 Los gustos. Your friend is writing an article for the newspaper about students' and professors' preferences. He interviews you and your professor. Write his questions using the given information.

MODELOS: Emilio/ gustar/ las clases este semestre
 Emilio, ¿te gustan las clases este semestre?
 profesor Cruz/ gustar/ enseñar los sábados
 Profesor Cruz, ¿le gusta enseñar los sábados?

1. Emilio/ gustar/ estudiar en la universidad

 _____

2. Emilio/ gustar/ las clases a las 8:00 a.m.

 _____

3. Emilio/ gustar/ el laboratorio de lenguas

 _____

4. profesor Cruz/ gustar/ los estudiantes con mucha imaginación

 _____

5. profesor Cruz/ gustar/ la oficina

 _____

6. profesor Cruz/ gustar/ trabajar en la universidad

 _____

2-19 Me gusta, no me gusta. You are writing a note to a classmate talking about both of your likes and dislikes. Write two sentences expressing likes and one sentence expressing dislikes. You may use the phrases from the box or think of your own phrases.

caminar a la universidad	conversar con amigos	los actores famosos
bailar en la discoteca	la música moderna	los compañeros de clase
la literaura	estudiar cálculo	

MODELO: usted:
Me gusta mirar televisión.
No me gusta mirar los deportes (sports).
su compañero/a:
Te gusta sacar buenas notas.
No te gusta la cafetería de la universidad.

usted:

1. _____

2. _____

3. _____

su compañero/a:

4. _____

5. _____

6. _____

Nombre: _____   Fecha: _____

Mosaicos

A leer

2-20 Estudiar en España. A classmate wants to know more about your plans to study abroad. Answer her questions, based on the ad.

1. ¿Cómo se llama la escuela?

   _____

2. ¿Dónde está?

   _____

3. ¿Cuál es la dirección?

   _____

4. ¿Cuál es el número de teléfono?

   _____

5. ¿Qué cursos ofrecen?

   _____

A escribir

2-21 Buscando pareja. You are thinking about your future and wondering what the person of your dreams will be like. In the **usted** column write information about yourself; in the **pareja** column describe the person you would like to meet.

	Usted	Pareja
Nacionalidad		
Edad		
Descripción física		
Personalidad		
¿Qué te/le gusta?		
¿Qué no te/le gusta?		
¿Qué estudia(s)?		
¿Dónde estudia(s)?		

2-22 Un anuncio. You decide to put an ad in the newspaper to meet people. Use information from the previous exercise to write the ad. Give as much detail as possible about you and the person of your dreams.

Soy un/a joven. . . _____

_____

_____

_____

_____

_____

Mi compañero/a ideal. . . _____

_____

_____

_____

_____

_____

_____

Lección 3
Las actividades y los planes

A PRIMERA VISTA

3-1 Agenda de la semana. Look at your neighbors' schedules for the week. Write about the family's activities according to the model.

MODELO: martes/Carmita
El martes Carmita nada en el mar.

1. lunes/la Sra. Paz _____

2. jueves/el Sr. Paz _____

3. viernes/Carmita _____

4. miércoles/Paco _____

5. sábado/Carmita y Paco _____

6. domingo/la familia _____

Semana	El Sr. Paz	La Sra. Paz	Carmita	Paco
Lunes	Camina a la oficina	Habla con el director		Toca la guitarra
Martes			Nada en el mar	
Miércoles	Lee un libro	Trabaja en la librería		Toma el sol

Jueves	Practica en el gimnasio		Baila en la discoteca	Practica en el gimnasio
Viernes			Lee un libro	
Sábado	Miran la televisión con unos amigos		Van a la playa, nadan, cantan y escuchan música	
Domingo	La familia come en un restaurante español			

3-2 Tus actividades. A new friend is interested in your weekend activities. Answer his/her questions.

1. ¿Qué haces en la playa?

   _____

2. ¿Cuándo vas al cine?

   _____

3. ¿Qué música escuchas?

   _____

4. ¿Lees el periódico por la mañana o por la tarde?

   _____

5. ¿Qué hacen tú y tus amigos en las fiestas?

   _____

3-3 Crucigrama: lugares y actividades. Complete the crossword puzzle based on the following questions.

Horizontales

2. Tú _____ un libro en la clase.
6. José va a _____ a la fiesta de Isabel.
7. Yo _____ una hamburguesa con papas fritas.
8. Virginia _____ un diccionario en la librería.
10. La familia va a _____ la televisión a las ocho.
11. Los jóvenes nadan en la _____.
15. Josefina y Carlos estudian en la _____.
17. La chica _____ canciones cubanas.
18. Nosotros escuchamos música en _____ de María Rosa.
19. Los chicos ven películas en los _____.
20. Yo _____ en la playa.
21. Vamos a ver *Bravehart* en el _____.
22. Tú _____ al estadio con Raúl, ¿verdad?

Verticales

1. Mi familia va a _____ en California.
3. Tú _____ los ejercicios *(exercises)* en el cuaderno.
4. Víctor nada en el _____.
5. Tú _____ mucho café.
9. Manuelita y yo _____ mucho en la fiesta.
11. Tú _____ en el estadio.
12. Pedro practica en el _____.
13. Bernardo _____ la película con Luisa.
14. Mi amiga tiene una computadora en la _____.
15. Maruja _____ un refresco de limón.
16. Nicolás _____ el sol en Acapulco.

3-4 Las comidas. Match the foods and beverages in the right column with the appropriate meal in the left column.

1. desayuno   _____ pescado   _____ huevos fritos y jamón

2. almuerzo   _____ tostadas   _____ sopa de vegetales

3. cena   _____ jugo de naranja   _____ arroz con pollo

     _____ papas fritas   _____ hamburguesa

3-5 En un restaurante. Señor Peña is a regular customer at the *"La Posada"* restaurant. Today he is very hungry. Answer the waiter's questions for him.

CAMARERO: Buenas tardes, señor Peña. ¿Desea el menú?

SR. PEÑA: _____

CAMARERO: ¿Qué va a comer hoy?

SR. PEÑA: _____

CAMARERO: ¿Y para beber? ¿Desea cerveza o agua mineral?

SR. PEÑA: _____

CAMARERO: ¿Qué sopa va a tomar?

SR. PEÑA: _____

CAMARERO: ¿Qué desea de postre *(dessert)*?

SR. PEÑA: _____

3-6 Una excursión divertida. You and some classmates are organizing a picnic for the weekend. Write sentences telling what each of you will contribute, using the items and verbs from the box.

hamburguesas	pan	tocar	alquilar	ensalada	pollo frito
helados	cerveza	guitarra	frutas	comprar	agua
preparar	refrescos	buscar	música		

1. _____

2. _____

3. _____

4. _____

5. _____

6. _____

EXPLICACIÓN Y EXPANSIÓN

Síntesis gramatical

1. Present tense of regular *-er* and *-ir* verbs

comer (*to eat*)

yo	como	nosotros/as	comemos
tú	comes	vosotros/as	coméis
Ud., él, ella	come	Uds., ellos/as	comen

vivir (*to live*)

yo	vivo	nosotros/as	vivimos
tú	vives	vosotros/as	vivís
Ud., él, ella	vives	Uds., ellos/as	viven

2. Present tense of *ir*

ir (*to go*)

yo	voy	nosotros/as	vamos
tú	vas	vosotros/as	vais
Ud., él, ella	va	Uds., ellos/as	van

3. *Ir + a* + infinitive to express future time

Ana va a ser la presidenta.   *Ana is going to be the president.*

4. The present tense to express future action

¿Estudiamos esta noche?   *Are we going to study tonight?*

Present tense of regular *-er* and *-ir* verbs

3-7 El periódico. People usually read a daily newspaper that is published in the city where they live. Fill in the blanks with the correct form of the verbs **leer** and **vivir**.

MODELO: Juan *vive* en Nueva York. Él *lee* el *New York Times.*

1. Ustedes _____ en Los Ángeles. Ustedes _____ *Los Angeles Times.*

2. Los estudiantes _____ en México. Ellos _____ *Excélsior.*

3. Tú _____ en Buenos Aires. Tú _____ *La Nación.*

4. Mercedes _____ en Bogotá. Ella _____ *El Tiempo*.

5. Alicia y yo _____ en Madrid. Nosotros _____ el *ABC*.

3-8 ¿Qué haces? Here's a page from your weekly calendar. Write at least one activity for each day using some of these verbs.

MODELO: domingo
   Converso con unos compañeros de la universidad.

comer	estudiar	conversar	leer	escribir	bailar
ver	tocar	beber	nadar	trabajar	descansar
hablar por teléfono	practicar	caminar	escuchar música		

Lunes	Viernes
Martes	Sábado
Miércoles	Domingo
Jueves	Notas:

3-9 ¿Qué hacen los estudiantes? Answer the following questions about your campus and your activities.

1. Por lo general, ¿ a qué hora llegan los estudiantes a la cafetería para el desayuno?

    _____

2. ¿Qué comen los estudiantes allí?

    _____

3. ¿Qué beben?

    _____

4. ¿Qué haces en la biblioteca?

    _____

5. ¿Qué comes en un restaurante de comida rápida?

    _____

Present tense of *ir*

3-10 ¿Adónde van? Where are these people going? Write sentences using the verb **ir**.

MODELO: Pedro/al estadio
         Pedro va al estadio.

1. José y yo/ discoteca _____

2. Los estudiantes/cine _____

3. Maribel/casa de Rosario _____

4. tú/gimnasio _____

5. el profesor (la profesora) _____

3-11 Los planes. You are interviewing your friend and his family. Write their answers to your questions using the information in parentheses.

MODELO: ¿Con quién va Ud. a la discoteca hoy? (los amigos de Rosa)
Voy con los amigos de Rosa.

1. ¿Con quién va Ud. al cine el domingo? (Ricardo)

   _____

2. Ud. va en auto, ¿verdad? (no)

   _____

3. ¿Adónde van Uds. pasado mañana? (Puerto Rico)

   _____

4. ¿Quiénes van al parque por la tarde? (los chicos)

   _____

5. ¿Adónde vas tú esta noche? (un restaurante italiano)

   _____

Ir + a + infinitive to express future time

3-12 Asociaciones. Match what the following people are going to do with the appropriate places.

1. En el café, la Sra. Menéndez   _____ van a leer un libro.

2. En el cine, tú   _____ va a tomar un refresco.

3. En mi casa, yo   _____ vas a ver una película.

4. En la biblioteca, ellos   _____ voy a hacer la tarea.

5. En el concierto, Ana y yo   _____ vamos a escuchar música clásica.

3-13 ¿Qué van a hacer? Write what these people are going to do based on where they are.

MODELO: Antonio y yo estamos en el cine.
  Vamos a ver una película mexicana.

1. Alicia está en la librería.

   _____

2. Tú estás en la clase de español.

   _____

3. Los muchachos están en una fiesta.

   _____

4. Pedro y yo estamos en un café.

   _____

5. Yo estoy en mi casa.

   _____

The present tense to express future action

3-14 ¿Qué hacemos? You want to find out what you and your friend are doing in the near future. Match the following answers with the appropriate questions.

1. ¿A qué hora cenamos hoy?   _____ Estudio con mis amigos.

2. ¿Estudian Uds. después ?   _____ Sí, en el parque.

3. ¿Qué haces esta noche?   _____ A las 8:00 p.m.

4. ¿Adónde vas el mes próximo?   _____ A Cancún.

5. ¿Caminan ellos esta noche?   _____ Sí, en la biblioteca.

3-15 El fin de semana. You have special plans for this weekend. Write what you plan to do each day at different times. Use the verbs in the box or any other verb you know.

trabajar	leer	comer	escuchar	ver
escribir	bailar	ir	aprender	mirar

sábado (8:30 a.m., 5:30 p.m., 10:00 p.m.)

_____

_____

_____

domingo (11:30 a.m., 2:00 p.m., 9:00 p.m.)

_____

_____

_____

Numbers 100 to 2,000,000

3-16 ¿Cuál es el número? Circle the Arabic numeral that matches the written number on the left.

1.	doscientos treinta	320	230	220
2.	cuatrocientos sesenta y cinco	645	575	465
3.	ochocientos cuarenta y nueve	849	989	449
4.	setecientos doce	612	702	712
5.	novecientos setenta y cuatro	564	974	774
6.	seiscientos cincuenta y cinco	655	715	665

3-17 Unidades médicas. You are writing a sociology paper on the new medical facilities opened in Mexico between 1976 and 1981. Based on the information given, complete the chart by writing how many of each type of facility existed at the beginning and the end of that period.

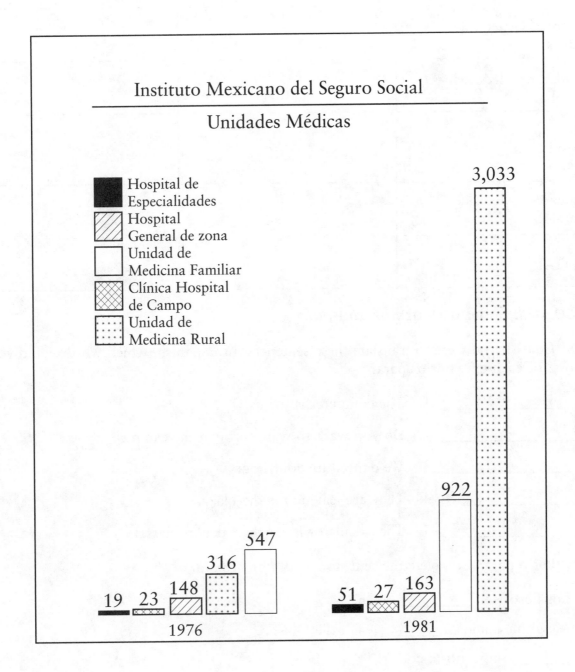

Instituto Mexicano del Seguro Social

Unidades Médicas

■ Hospital de Especialidades
▨ Hospital General de zona
□ Unidad de Medicina Familiar
▧ Clínica Hospital de Campo
⦂ Unidad de Medicina Rural

3,033

922

547

316

148

19 23

1976

51 27

163

1981

Categoría	1976	1981
Hospital de Especialidades		
Hospital General de Zonas		
Unidad de Medicina Familiar		
Clínica Hospital de Campo		
Unidad de Medicina Rural		
TOTAL		

ALGO MÁS: Some uses of *por* and *para*

3-18 ¿Cuál? If you were to translate these sentences into Spanish, which word would you choose for each one, **por** or **para**?

_____ 1. The computer is for us.

_____ 2. Do you want to walk through the campus?

_____ 3. We danced for four hours.

_____ 4. They are leaving for the plaza.

_____ 5. The calculator is for the calculus class.

3-19 ¿Por o para? Complete the sentences with **por** or **para**.

1. Los libros son _____ Juan.

2. Me gusta caminar _____ la calle Obispo.

3. ¡_____ fin vamos a comer!

4. Escribo una carta _____ la profesora.

5. Las aspirinas son _____ el dolor de cabeza *(headache)*.

6. Bailamos _____ una hora.

MOSAICOS

A leer

3-20 Un bocadito. You found this ad in a Spanish magazine. Read it and answer the questions about it.

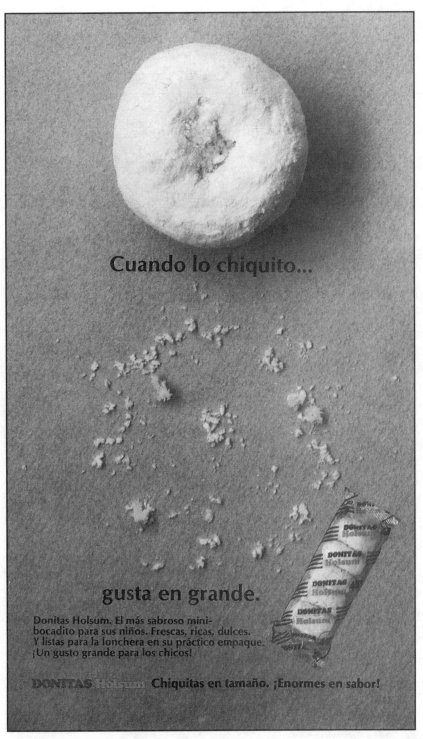

Cuando lo chiquito...

gusta en grande.

Donitas Holsum. El más sabroso mini-
bocadito para sus niños. Frescas, ricas, dulces.
Y listas para la lonchera en su práctico empaque.
¡Un gusto grande para los chicos!

DONITAS Holsum   Chiquitas en tamaño. ¡Enormes en sabor!

| sabroso *delicious* | dulces *sweet* | sabor *taste* |

1. ¿Quién hace las donitas?

   _____

2. ¿Cómo son estas donas?

   _____

3. ¿Qué expresión en el anuncio *(ad)* es un antónimo de "pequeño"?

   _____

4. En este anuncio, ¿Qué palabra se usa *(is used)* para "pequeño"? ¿para "grande"? ¿Y para "niños"?

   _____

5. ¿Cuál es tu bocadito *(snack)* favorito?

   _____

6. ¿Qué quiere decir "Cuando lo chiquito . . . gusta en grande?"

   _____

A escribir

3-21 Primera etapa: preparación. You are spending Spring vacation with a friend at a well-known beach resort in Mexico (Cancún, Puerto Vallarta, or Mazatlán). Write the first draft of a postcard you want to send to a classmate in your Spanish class. Tell him/her a) the name of the hotel where you are staying, b) its location with respect to the beach, and c) your plans for the next two days. Use **Querido/a** (*dear*) + name followed by a colon or a comma (e.g., **Querido Ernesto,**) to address your friend and **Un saludo cariñoso de** (*affectionately*) + your name as a closing.

3-22 Segunda etapa: revisión. Now that the first draft of the postcard is finished, review it by asking yourself the following questions.

a. Did you provide your friend with the basic information about your vacation?
b. Are you using the most appropriate words to describe your thoughts?
c. Are you using the formal or the informal form of the verbs to address your classmate?
d. Does the ending of the verb agree with the person or thing it refers to?
e. Are you using the verb *ir*, or *ir* + *a* + infinitive, to express future activities?
f. Are the words spelled correctly? Are the accent marks in the right place?

3-23 Una tarjeta postal: versión final. Write the final version of the postcard.

A PRIMERA VISTA

4-1 Asociaciones. Match the words on the left with the explanations on the right.

1. tío   _____ hija de mis padres

2. abuela   _____ hermano de mi padre

3. primos   _____ hijos de los hijos

4. hermana   _____ madre de mi madre

5. nietos   _____ hijos de mis tíos

4-2 La familia de Julito y de Anita. Fill in the blanks expressing the relationships among the people in the family tree.

MODELO: Don Manuel Chávez es *el esposo* de doña Teresa Gómez.

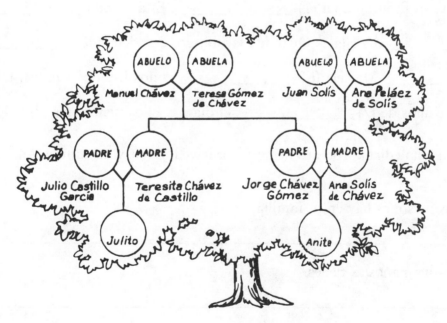

1. Teresita Chávez es _____ de Jorge Chávez.

2. Julito y Anita son _____.

3. Jorge Chávez es _____ de Anita.

4. Doña Teresa Gómez de Chávez es _____ de doña Teresita Chávez de Castillo.

5. Don Juan Solís y doña Ana Peláez de Solís son _____ de Anita.

6. Julito es _____ de don Manuel Chávez.

7. Jorge Chávez es _____ de Julito.

8. Doña Ana Solís de Chávez es _____ de doña Ana Peláez de Solís.

4-3 Los duques de Santángelo. Read this article about a Spanish couple, the Duke and Duchess of Santángelo, who left the city and moved to an old family castle to enjoy life in the country. Then complete this summary.

A 25 kilómetros de Lérida, en el castillo de La Rápita, viven los duques de Santángelo. Un joven matrimonio de sencillos agricultores entregados a la vida rural. Él, **Luis Casanova**, licenciado en Ciencias Económicas, se desplazó temporalmente un buen día desde su lugar habitual de residencia en Barcelona a vivir en el castillo familiar, debido al precario estado de salud del administrador que se ocupaba de las tierras. *"En principio iba a estar sólo unos meses hasta que encontraran un nuevo administrador"*, comenta su esposa, **Mónica de Habsburgo**, *"pero cuando pasó un año, decidió quedarse para siempre."* **Mónica de Habsburgo** es la segunda de los siete hijos del archiduque **Otto de Habsburgo**. Tiene una hermana gemela, **Micaela**, que vive en los Estados Unidos. A sus 37 años reconoce *"sentirse muy feliz con su vida"*. El 21 de junio, la pareja celebrará sus trece años de casados. Son padres de tres hijos: **Baltasar**, de 11 años; **Gabriel**, de 9; y **Rafael** de 6.

Luis Casanova es licenciado en (1) _____. Está casado con (2) _____.

El (3) _____ de ella es Otto de Habsburgo, que tiene (4) _____ hijos. La

(5) _____ Micaela (6) _____ en los Estados Unidos. Luis y Mónica

celebran trece años de (7) _____ el día 21. Ellos tienen tres (8) _____.

4-4 Mi familia inmediata. You are being interviewed about your family. Answer these questions.

1. ¿Cuántas personas hay en tu familia?

   _____

2. ¿Cuántos hermanos/as tienes?

   _____

3. ¿Cuántos años tienen tus hermanos/as? ¿Y tú?

   _____

4. ¿Dónde trabaja tu padre?

   _____

5. ¿Dónde viven tus padres?

   _____

EXPLICACIÓN Y EXPANSIÓN

Síntesis gramatical

1. Present tense of stem-changing verbs   *(e → ie, o → ue, e → i)*

pensar *(to think)*

yo	pienso	nosotros/as	pensamos
tú	piensas	vosotros/as	pensáis
Ud., él, ella	piensa	Uds., ellos/as	piensan

volver *(to return)*

yo	vuelvo	nosotros/as	volvemos
tú	vuelves	vosotros/as	volvéis
Ud., él, ella	vuelve	Uds., ellos/as	vuelven

pedir *(to ask)*

yo	pido	nosotros/as	pedimos
tu	pides	vosotros/as	pedís
Ud., él, ella	pide	Uds., ellos/as	piden

2. Expressions with *tener*

Tengo mucho **calor** (frío, miedo, sueño, cuidado)
Tienen mucha **hambre** (sed, suerte, prisa)

3. Possessive adjectives

mi(s)	*my*
tu(s)	*your*
su(s)	*your (formal), his, her, its, their*
nuestro(s), nuestra(s)	*our*
vuestro(s), vuestra(s)	*your (familiar plural)*

4. Present tense of *hacer, poner, salir, traer* and *oír*

yo	hago	nosotros/as	hacemos
tú	haces	vosotros/as	hacéis
Ud., él, ella	hace	Uds., ellos/as	hacen

yo	pongo	nosotros/as	ponemos
tú	pones	vosotros/as	ponéis
Ud., él, ella	pone	Uds., ellos/as	ponen

yo	salgo	nosotros/as	salimos
tú	sales	vosotros/as	salís
Ud., él, ella	sale	Uds., ellos/as	salen

yo	traigo	nosotros/as	traemos
tú	traes	vosotros/as	traéis
Ud., él, ella	trae	Uds., ellos/as	traen

yo	oigo	nosotros/as	oímos
tú	oyes	vosotros/as	oís
Ud., él, ella	oye	Uds., ellos/as	oyen

Present tense of stem-changing verbs (e>ie, o>ue, e>i)

4-5 ¿Qué quieren para sus cumpleaños? Write down what the following people want for their birthdays, choosing items from the list or giving your own suggestions.

un auto	una motocicleta	un estéreo	un video	un televisor
una bicicleta	un radio	una computadora	un reloj	una fiesta

MODELO: Mi madrina *quiere un televisor nuevo*.

1. Mi mejor amigo _____

2. Yo _____

3. Mis hermanas _____

4. Mi profesora _____

5. Mi novio/a _____

6. Tú _____

4-6 ¿Pueden o no pueden? Write what these people can or can't do. Choose items from the list or think of your own to make your sentences more interesting.

Actividades		
beber refrescos	estudiar en el café	usar la computadora
comer dos hamburguesas	pasar las vacaciones en . . .	leer dos periódicos
dormir 12 horas	cuidar perros	comprar una casa

MODELO: caminar   *Yo (no) puedo caminar dos kilómetros.*

1. El profesor _____

2. Mi hermana _____

3. Yo _____

4. Tú _____

5. Mi amigo y yo _____

6. Mis padres _____

4-7 ¿Qué piden? You and your family are at a restaurant. Complete each sentence using the appropriate form of **pedir** and a description from the box.

italiano	mexicano	francés	chino	de servicio rápido

1. Mis hermanas _____ arroz frito en un restaurante _____.

2. Yo _____ salmón en un restaurante _____.

3. Mi madre _____ tacos en un restaurante _____.

4. Nosotros _____ espaguetis en un restaurante _____.

5. Mi primo _____ una hamburguesa en un restaurante _____.

4-8 ¿Qué hace usted? Explain what you do in the following situations. Use the verbs in the box to answer the questions. (There are more verbs than you will need.)

repetir	seguir	almorzar	empezar
pedir	preferir	dormir	

MODELO: ¿Qué hace usted cuando termina de usar el refrigerador?
        Cierro la puerta.

1. ¿Qué hace usted cuando está en la cafetería a las 12:00 p.m.?

    _____

2. ¿Qué hace usted cuando está en un restaurante y tiene mucha hambre?

    _____

3. ¿Qué hace usted cuando ve una flecha (*arrow*) que indica el lugar que busca?

    _____

4. ¿Qué hace usted cuando está muy cansado/a?

    _____

5. ¿Qué hace usted cuando abre *(open)* un libro?

    _____

Expressions with *tener*

4-9 ¿Qué tienen? Complete each of these sentences by circling the correct expression with **tener.**

1. María trabaja mucho y duerme muy poco. Por eso siempre . . .

    a) tiene suerte.   b) tiene sueño.   c) tiene razón.

2. Jorge juega tenis los sábados por la tarde. Después de jugar, él toma uno o dos refrescos porque. . .

   a) tiene frío.   b) tiene miedo.   c) tiene sed.

3. Albertina y Claudia están a dieta. Sólo toman jugo y té en el desayuno y comen vegetales y frutas en el almuerzo. Son las cinco de la tarde y ellas . . .

   a) tienen hambre.   b) tienen prisa.   c) tienen calor.

4. Nosotros jugamos a la lotería y siempre perdemos. No . . .

   a) tenemos cuidado.   b) tenemos suerte.   c) tenemos razón.

5. La clase de español empieza a las ocho de la mañana. Son las ocho menos diez y yo estoy en la cafetería. Mi amigo Roberto llega y quiere hablar pero yo no puedo porque. . .

   a) tengo prisa.   b) tengo frío.   c) tengo miedo.

4-10 ¿Qué tienen que hacer? Write what each person should do in the situations described. Use **tener que** + infinitive in your response.

MODELO: Juan saca unas notas muy malas en la universidad. Quiere sacar buenas notas, pero él mira mucho la televisión, juega golf y va a muchas fiestas los fines de semana.
      Juan tiene que estudiar más.

1. Ernesto está un poco gordo y quiere bajar de peso *(lose weight)*. Él come una hamburguesa y papas fritas en el almuerzo y por la tarde toma un helado de chocolate. Ernesto no corre y no le gusta hacer ejercicio. Él prefiere conversar con sus amigos.

    _____

2. Elena es una muchacha norteamericana que tiene unos parientes en Buenos Aires. Ella piensa ir a Buenos Aires en sus vacaciones y estar dos semanas con sus parientes. Sus padres y hermanos no pueden ir con ella. Es el primer viaje de Elena a la Argentina.

    _____

3. Hay una competencia muy importante la semana próxima. Por las tardes, los atletas van al estadio de la universidad.

    _____

4. Amparo tiene un estéreo nuevo para discos compactos. Los discos que ella tiene son viejos. Sus amigos van a ir esta tarde a su casa para escuchar música.

    _____

4-11 El intérprete. You are interpreting for some of your friends who are talking to two Salvadoran students visiting your school. Translate what you and your friends want to say using the appropriate expressions with **tener**.

1. John is always very lucky.

   _____

2. The professor is not old; he is only 50 years old.

   _____

3. We are always very careful on the freeway (*autopista*).

   _____

4. It is one o'clock in the afternoon and the professors are in a hurry.

   _____

5. Who is hot and thirsty?

   _____

6. Aren't you afraid at night?

   _____

Possessive adjectives

4-12 Una conversación. Complete the conversation using the possessive adjectives.

RODOLFO: Paquita, ¿quieres estudiar para (1) _____ examen de historia?

PAQUITA: No, no necesito estudiar más. (2) _____ examen es fácil. Prefiero

            ir al cine. Hay una película con (3) _____ actores favoritos.

RODOLFO: ¿Quiénes son (4) _____ actores favoritos?

PAQUITA: Andy García y Michael Douglas.

RODOLFO: Sí, (5) _____ películas son muy interesantes.

4-13 Cosas favoritas. What are your friend's favorite items in each category? Use **su** or **sus** in your answers.

MODELO: libro

        Su libro favorito es *Megatrends*.

1. programas de televisión _____

2. amigo/a _____

3. películas _____

4. canciones _____

5. cantante (*singer*) _____

4-14 Mi familia extendida. You are being interviewed about your extended family. Answer these questions.

1. En general, ¿cómo es su familia?

    _____

2. ¿Cómo se llama su tío favorito? ¿Y su tía favorita?

    _____

3. ¿Quién es su tío/a más estricto/a? ¿Quién es el/la más flexible?

    _____

4. ¿Con qué frecuencia ve a sus primos?

    _____

5. ¿Cómo son los dos nietos mayores de sus abuelos?

    _____

Present tense of *hacer, poner, salir, traer,* and *oír*

4-15 Danilo, los atletas y yo. Complete these paragraphs with the correct form of the verbs **hacer, poner,** and **salir.**

En la casa

Danilo _____ de casa a las 7:30 de la mañana. _____ el radio del coche en su

estación favorita y va a la universidad. Llega allí temprano, a las 8:30, y _____ su

tarea en la biblioteca.

En la universidad

Por la mañana, los atletas van temprano al gimnasio, donde _____ ejercicio. Ahí

_____ su ropa (*clothes*) en el closet. Luego _____ para la pista (*track*) del estadio.

En el laboratorio

Yo _____ de la casa a las 7:00 de la mañana y llego a la universidad a las 7:30.

Después voy a la clase de biología y _____ los experimentos en el laboratorio.

Cuando termino, _____ la tarea en el escritorio del profesor.

4-16 La semana. What activities do you associate with the days of the week? Use the verbs indicated in your answers.

1. el domingo / salir

   _____

2. el miércoles / hacer

   _____

3. el jueves / poner

   _____

4. el sábado / preferir

_____

5. el viernes / querer

_____

4-17 Un picnic. A group of friends is planning a picnic. Complete their conversation using the correct form of the verbs **hacer, oír,** and **traer.**

PEPE: ¿Quién va a hacer los sándwiches y la ensalada?

ALICIA   Yo (1) _____ los sándwiches. Y tú, Ernesto, ¿(2)

            _____ la ensalada?

ERNESTO: No hay problema. Yo (3) _____ la ensalada.

PEPE: ¿Y quién va a traer los refescos? Yo no puedo ir al supermercado.

CARLOS: Tranquilo. Yo (4) _____ los refrescos.

TERESA: Y Marina y yo (5) _____ el radio.

PEPE: Vamos a conversar, comer bien y (6) _____ música. Va a ser un picnic magnifico.

ALGO MÁS: _Hace_ with expressions of time

4-18 ¿Cuánto tiempo hace que. . .? Your cousin wants to know how long you have been doing (or not doing) these activities. Write your answer in two different ways. Start one sentence with **Hace . . . que . . .** and the other with the present tense of the verb.

MODELO: jugar fútbol
         Hace dos años que juego fútbol.
         Juego fútbol hace dos años.

1. hacer ejercicio

_____

_____

2. querer comprar un auto

   _____

   _____

3. tener hambre

   _____

   _____

4. no escuchar música clásica

   _____

   _____

5. no ir a una fiesta

   _____

   _____

MOSAICOS

A leer

4-19 Descripciones. The term **la tercera edad** (*third age*) is used in Spanish to refer to senior citizens. Think of three senior citizens you know and answer the following questions for each.

1. ¿Cuántos años tiene?

   _____

   _____

   _____

2. ¿Trabaja o está jubilado/a *(retired)*?

   _____

   _____

   _____

3. ¿Con quién vive?

   _____

   _____

   _____

4. ¿Tiene una vida activa o sedentaria?

   _____

   _____

   _____

5. ¿Le gusta viajar?

   _____

   _____

   _____

4-20 La tercera edad. First read this selection for its general meaning. Then read it again and answer the following questions.

A través del Programa **VACACIONES DE TERCERA EDAD** se proporciona a las personas mayores una estancia en lugares de interés turístico y de clima cálido a precios reducidos. Los objetivos de este programa son los siguientes:

• Contribuir al bienestar de la Tercera Edad haciendo posible que las personas mayores conozcan nuevos lugares y enriquezcan su tiempo de ocio.

• Mantener y crear empleo en el sector turístico, potenciando los niveles de ocupación hotelera en épocas de menor actividad.

¿Quiénes pueden participar en el programa?
Usted podría participar en este programa si ha cumplido 65 años, sea o no pensionista de la Seguridad Social, o si disfruta de una pensión de jubilación, aunque no alcance esa edad. Podrá además ir acompañado de un familiar o amigo para el que no se establece límite de edad.

Los menús para el desayuno, comida y cena se elaboran teniendo en consideración las necesidades alimenticias de las personas mayores y se preparan en condiciones de calidad, abundancia y calorías apropiadas. Las comidas se sirven acompañadas de vino o agua mineral.

1. ¿Cómo se llama el programa?

   _____

2. ¿A qué lugares van de vacaciones las personas mayores?

   _____

3. ¿Cuántos años deben tener las personas mayores que desean participar en el programa?

   _____

4. ¿Quién puede ir de vacaciones con la persona de la tercera edad?

   _____

5. ¿Cuántas comidas al día ofrece el programa?

   _____

6. ¿Qué tienen en consideración cuando preparan las comidas?

   _____

7. ¿Qué pueden beber las personas mayores con las comidas?

   _____

4-21 Asociaciones. Look at the reading again and write the adjectives that are associated with the following nouns and verbs.

1. turista _____
2. reducir _____
3. hotel _____

4. alimento _____
5. acompañar _____

A escribir

4-22 Primera etapa. You are happy because your friend from Chile is going to stay with you this summer. She/He wants you to write her/him about your family. Make a list of the family members you want to write about and what you want your friend to know about them. Include information such as what they are like and what they like to do. You may use what you wrote about your family in exercises **4-4 Mi familia inmediata**, and **4-14 Mi familia extendida**.

_____

_____

_____

_____

_____

_____

_____

_____

_____

_____

4-23 Etapa final. Write a brief paragraph describing your family to your Chilean friend. Use the information gathered in the previous exercise. Finally, let your friend know how you feel about his/her upcoming visit. Use the verbs from the box or any other you wish.

llamarse	tocar	preferir	hablar
trabajar	poner	tener años	estar
poder	salir	estudiar	ser
vivir	empezar	correr	hacer ejercicio

_____

_____

_____

_____

_____

_____

_____

_____

_____

_____

_____

_____

_____

Lección 5
La casa y los muebles

A PRIMERA VISTA

5-1 ¿Dónde los pongo? You are helping a friend move into a new apartment. Match the furniture, fixtures, and appliances with the appropriate part of the house.

Muebles y electrodomésticos

_____ 1. la cama

_____ 2. el sofá

_____ 3. la butaca

_____ 4. el microondas

_____ 5. el lavabo

_____ 6. la cómoda

_____ 7. la mesa de noche

_____ 8. la barbacoa

_____ 9. el refrigerador

_____ 10. el espejo

Partes de la casa

a. la sala

b. el comedor

c. la cocina

d. el dormitorio

e. el baño

f. la terraza

5-2 Crucigrama. Complete the crossword puzzle by answering the following clues. You will use words referring to parts of the house, furniture, or appliances.

1. Podemos escuchar programas gracias a este aparato eléctrico.
2. Preparamos la comida en esta parte de la casa.
3. Aquí hay plantas y los niños pueden jugar y correr.
4. Mueble donde nos acostamos (*lie down*) para dormir.
5. Electrodoméstico que mantiene frías las comidas.
6. Silla grande y cómoda que tiene brazos (*arms*).
7. Las personas comen en esta parte de la casa.
8. Vemos y escuchamos programas gracias a este aparato eléctrico.
9. Decoración que ponemos en las ventanas.
10. Mueble donde pueden sentarse (*sit down*) dos o tres personas.

5-3 La paleta de colores. A good painter knows how to mix the paint in her palette. What color on the right is the result of the color combinations on the left?

_____ 1. rojo y blanco   a. verde

_____ 2. amarillo y azul   b. rosado

_____ 3. rojo y amarillo   c. gris

_____ 4. negro y blanco   d. morado

_____ 5. azul y rojo   e. anaranjado

5-4 ¿De qué color son? Answer the questions with the most logical color for each item.

1. ¿De qué color es la bandera _(flag)_ de los Estados Unidos?

   _____

2. ¿De qué color es el chocolate?

   _____

3. ¿De qué color son las plantas del jardín?

   _____

4. ¿De qué color son los elefantes?

   _____

5. ¿De qué color es la casa de usted?

   _____

5-5 ¿Qué debe hacer usted? Read each situation and then mark the most appropriate reactions to it.

1. Usted tiene un viaje muy importante mañana y quiere llevar cierta ropa. Cuando va al armario a buscar la ropa, ve que está sucia (*dirty*). Usted debe. . .

    a) hacer la ropa.   d) lavar la ropa.

    b) comprar la ropa.   e) secar la ropa.

    c) planchar la ropa.   f) doblar la ropa.

2. Usted quiere vender su condominio. Hoy va a venir un agente y su condominio está muy sucio. Usted debe. . .

    a) usar el microondas.   d) poner la mesa.

    b) sacar la basura.   e) pasar la aspiradora.

    c) cocinar la cena.   f) limpiar los muebles.

3. Usted y unos amigos van a cocinar y a almorzar en el jardín de su casa esta tarde. Usted debe. . .

    a) barrer la terraza.   d) colgar la ropa fuera.

    b) limpiar la barbacoa.   e) sacar los platos.

    c) preparar la cena.   f) hacer la cama.

5-6 ¿Quehaceres domésticos? What activities do you associate with these items?

MODELO: la mesa
       poner la mesa
      comer con mi familia, . . .

1. la lavadora _____

2. la secadora _____

3. la plancha _____

4. la estufa _____

5. el refrigerador _____

6. el lavaplatos _____

7. el televisor _____

8. el radio _____

9. el periódico _____

10. la basura _____

5-7 El desorden *(mess)*. You and your roommate are having friends over tonight. Your apartment is a little messy, but you have to go out. Write your roommate a note telling him/her not to worry (**no te preocupes**) and what chores you will do when you return.

_____

_____

_____

_____

_____

EXPLICACIÓN Y EXPANSIÓN

Síntesis gramatical

1. Present progressive

yo	estoy	
tú	estás	hablando
Ud., él, ella	está	comiendo
nosotros/as	estamos	escribiendo
vosotros/as	estáis	
Uds., ellos/as	están	

2. Direct object nouns and pronouns

me	*me*
te	*you (familiar, singular)*
lo	*you (formal, singular), him, it (masculine)*
la	*you (formal, singular), her, it (feminine)*
nos	*us*
os	*you (familiar plural, Spain)*
los	*you (formal & familiar, plural), them (masculine)*
las	*you (formal & familiar, plural), them (feminine)*

3. Demonstrative adjectives and pronouns

this	{ **esta** butaca	**este** cuadro	*these*	{ **estas** butacas	**estos** cuadros
that	{ **esa** casa	**ese** horno	*those*	{ **esas** casas	**esos** hornos
(over there)	{ **aquella** persona	**aquel** edificio	*(over there)*	{ **aquellas** personas	**aquellos** edificios

4. *Saber* and *conocer (to know)*

	saber	conocer
yo	sé	conozco
tú	sabes	conoces
Ud., él, ella	sabe	conoce
nosotros/as	sabemos	conocemos
vosotros/as	sabéis	conocéis
Uds., ellos/as	saben	conocen

Present progressive

5-8 Asociaciones. Match each situation on the left with the most appropriate action on the right.

	Situación		*Acción*
_____ 1.	Federico quiere hablar con su novia.	a.	Están limpiando la casa.
_____ 2.	Marcia quiere alquilar un apartamento.	b.	Está leyendo el periódico.
_____ 3.	La chica tiene mucha sed.	c.	Está bebiendo agua.
_____ 4	Carlos va a salir con su novia.	d.	Está llamando por teléfono.
_____ 5.	Los chicos están en el jardín.	e.	Está lavando el auto.
_____ 6.	Nuestros padres tienen invitados *(guests)* esta noche.	f.	Están jugando.

5-9 ¿Qué están haciendo? Based on where the following students are, choose phrases from the box to explain what they are doing right now.

leer el libro	comprar un diccionario	comer hamburguesas	ver una película
estudiar álgebra	hablar español	escribir una composición	cantar y bailar
jugar tenis	dormir		

MODELO: Julio y María están en la clase de inglés.
   Están escribiendo una composición.

1. Yo estoy en la librería.

   _____

2. Nosotros estamos en casa.

   _____

3. Son las dos de la mañana y Raquel está en su cuarto.

   _____

4. Estela y Ricardo están en la universidad.

   _____

5. Enrique y yo estamos en la clase de español.

   _____

6. Mis amigos están en la discoteca.

   _____

7. Tú estás en la biblioteca.

   _____

8. Ana y Susana están en un restaurante pequeño.

   _____

5-10 ¡A trabajar! It is Saturday morning and this family is very busy. Describe what each person is doing by changing the sentences to the present progressive.

MODELO: Julia barre la terraza.
        Julia está barriendo la terraza.

1. Mi abuela prepara el desayuno.

   _____

2. Yo pongo la mesa.

   _____

3. Mi hermana mayor hace las camas.

   _____

4. Mi mamá limpia los baños.

   _____

5. Mi abuela lee el periódico.

   _____

6. Tomás escribe una carta.

   _____

7. Cristinita pasea a su perro Bosco.

   _____

8. Mi padre y yo lavamos los autos.

   _____

Direct object nouns and pronouns

5-11 Los regalos (*gifts*). You are planning your Christmas shopping. Referring to the items in the box and using the corresponding direct object pronoun, write what these people on your list don't have but need.

una computadora	un microondas	una aspiradora
una guitarra	ropa muy elegante	unos discos de jazz
un estéreo	un auto nuevo	dos butacas

MODELO: un saxofón
        Yo no tengo un saxofón, pero lo necesito.

1. Yo _____

2. Tú _____

3. Darío _____

4. Tu madre _____

5. Tú y yo _____

6. Los abuelos_____

5-12 ¿Qué pasa? Complete the paragraphs using the personal *a* when necessary. Remember that **a + el** contracts to **al**.

1. Hoy van a entrevistar _____ varios artistas españoles en la televisión. Nosotros queremos ver el programa para escuchar _____ Miguel Bosé.

2. Alfredo está en la biblioteca. Él busca _____ Pepe Sandoval, un compañero de clase, porque tienen un examen de economía mañana y van a estudiar juntos. Por fin (*finally*) ve _____ Pepe enfrente de un montón (*pile*) de libros y periódicos, pero Pepe no está leyendo los periódicos ni consultando los libros. Él sólo está mirando _____ dos famosas jugadoras de tenis que están en otra mesa.

3. La señora Silvestre quiere mucho _____ su perro Rico. Rico es un perro viejo, pero muy bueno. Cuida la casa y también cuida _____ los niños de la familia. Todas las tardes después que llega de la oficina, el señor Silvestre saca _____ perro. Cuando Rico ve _____ señor Sandoval, corre y salta (*jumps*) porque sabe que va a salir.

5-13 ¿Sí o no? Tell whether or not you are going to do these activities, using direct object pronouns.

MODELO: planchar la ropa
Voy a plancharla o *No voy a plancharla.*
La voy a planchar o *No la voy a planchar.*

1. lavar el auto _____

2. llamar a los amigos _____

3. bañar al perro _____

4. comprar los casetes _____

5. mirar la televisión _____

6. visitar a mis primas _____

5-14 La telenovela. Complete this phone conversation between two soap opera characters with the appropriate direct object pronouns.

PABLO: Virginia, ¿ (1) _____ quieres mucho?

VIRGINIA: Sí, Pablo, (2) _____ quiero.

PABLO: (3) _____ extraño *(miss)* mucho. Voy a (4) ver _____ ahora.

VIRGINIA: No puedo (5) ver _____ ahora porque tengo que salir con mamá. Tú

            (6) _____ comprendes, ¿verdad?

PABLO: Sí, Virginia, (7) _____ comprendo.

Demonstrative adjectives and pronouns

5-15 En la librería. You and your friend are looking at various items in a bookstore. Write the appropriate demonstrative adjective according to each context in the spaces provided.

MODELO: Usted está al lado de un libro de arte y dice:
        —*Este* libro es muy interesante.

1. Usted ve un reloj en la pared. Usted va adonde está el dependiente y le pregunta:

   —¿Cuánto cuesta _____ reloj?

2. El dependiente tiene una guitarra en la mano. Usted le pregunta:

—¿Cuánto cuesta _____ guitarra?

3. Su amiga le muestra (*shows*) unos casetes de música española y le dice:

—_____ casetes cuestan cinco dólares.

4. Usted ve unas películas al lado de donde está su amiga y usted le dice:

—Y _____ películas también cuestan cinco dólares.

5. Su amiga va a comprar un mapa para la clase de geografía. Ella le pregunta al

dependiente:

—¿Cuánto cuesta _____ mapa?

5-16 ¿Qué es esto? You see various things in a Puerto Rican store and you want to find out what they are. Complete the following conversation with the salesman (*vendedor*) using **esto, eso** or **aquello**. (The salesman is behind the counter.)

USTED: ¿Qué es (1) _____ que tiene en la mesa?

VENDEDOR: ¿ (2) _____? Es un güiro, un instrumento musical muy popular aquí.

USTED: ¿Y (3) _____ que está allá?

VENDEDOR: (4) _____ es un vejigantes, una máscara (*mask*) de las fiestas de Loíza.

USTED: Y (5) _____ que está al lado del güiro ¿es una guitarra?

VENDEDOR: No, (6) _____ es un cuatro, un instrumento musical que se parece

(*looks like*) a la guitarra pero suena (*it sounds*) más o menos como una

mandolina.

5-17 ¿Dónde quiere los muebles? Your Colombian neighbor bought a few things for her home. She is telling the delivery man, who also speaks Spanish, where he should place the new furniture. Complete their conversation. Use the correct form of **este** for the delivery man, and the correct form of **ese** for your neighbor.

EMPLEADO: ¿Dónde quiere (1) _____ espejo?

SRA. PAZ: En (2) _____ dormitorio.

EMPLEADO: ¿Y dónde pongo (3) _____ lámparas?

SRA. PAZ: La lámpara blanca va aquí y (4) _____ dos en la habitación

pequeña.

EMPLEADO: ¿Y (5) _____ cuadros?

SRA. PAZ: ¿(6) _____ ?

EMPLEADO: Sí, (7) _____.

SRA. PAZ: (8) _____ va detrás del sofá y (9) _____ otro en

el comedor.

Saber and conocer (to know)

5-18 ¿Lo sabemos o lo conocemos? Complete each Spanish sentence with the correct form of **saber** or **conocer**.

1. Your friend is having car problems and is looking for a repair shop. You know where one is, so you say:

    — Yo _____ dónde hay un buen taller.

2. You tell your cousin that Yolanda is a very good dancer:

    — Yolanda _____ bailar muy bien.

3. Your classmate wants to meet Alberto Santa Cruz. You know Alberto, so you say:

    — Yo lo _____. Ven a mi casa esta noche y allí lo vas a

    _____.

4. You are talking to a friend about a hotel in his hometown with which he is not familiar. He says:

    — Yo no _____ ese hotel.

5. You tell a classmate about your best friends, who are excellent cooks. You say:

    — Ellos _____ cocinar muy bien.

6. Your friend likes to go to the movies and enjoys good acting. While you are discussing a movie, she asks:

    — ¿_____ quiénes son los actores?

5-19 Una conversación. Complete this conversation with the correct form of **saber** or **conocer.**

BEATRIZ: ¿(1) _____ a ese muchacho?

LAURA: Sí, se llama Humberto Salazar y es muy amigo de mi hermano. ¿Por qué?

BEATRIZ: Es muy guapo y . . .

LAURA: Lo quieres (2) _____, ¿verdad?

BEATRIZ: Sí, ¿ (3) _____ qué estudia?

LAURA: (4) _____ que estudia Ciencias Económicas y creo que vive cerca de

            nosotros, pero no estoy segura. Quien lo (5) _____ muy bien es mi

            hermano.

BEATRIZ: Mira, viene para donde estamos.

LAURA: Magnífico, así lo puedes (6) _____.

5-20 ¿Cuál es el problema? Read the following situations, then write a summary statement for each using **saber** or **conocer**.

MODELO: María y Juan tienen unos invitados a comer en su casa, y están muy preocupados. El arroz no está bien cocinado y el pollo no tiene sal. Deciden ir a comer afuera. *María y Juan no saben cocinar.*

1. Pedro y Héctor están lavando la ropa blanca con unas cortinas rojas. Ya no tienen ropa blanca, ¡toda está rosada!

   _____

2. En la fiesta todos los estudiantes están bailando, excepto Humberto, que está solo.

   _____

3. Un hombre toca a la puerta de la casa de Mariví. Ella mira por la ventana, pero no abre la puerta.

   _____

4. John Foster entra en un bar de Guanajuato, una ciudad de México. Él pide agua y algo de comer, pero no le entienden.

   _____

5. Tus tíos están en Nueva York. Ellos tienen un mapa pero están perdidos *(lost)*.

   _____

ALGO MÁS: More on adjectives

5-21 Números ordinales. Match the cardinal numbers on the left with the ordinal numbers on the right (exercise continues on p. 88).

_____	1. uno	a.	quinto
_____	2. dos	b.	noveno
_____	3. tres	c.	segundo
_____	4. cuatro	d.	décimo
_____	5. cinco	e.	primero
_____	6. seis	f.	octavo

_____ 7. siete   g. sexto

_____ 8. ocho   h. cuarto

_____ 9. nueve   i. séptimo

_____ 10. diez   j. tercero

5-22 Más adjetivos. Answer these questions in complete sentences.

1. ¿Quién fue *(was)* George Washington?

   _____

2. ¿Cuándo es el día de Año Nuevo?

   _____

3. En la clase de español, ¿quién es el segundo estudiante de tu fila *(row)*? ¿Y el quinto?

   _____

4. En general, ¿en qué grado *(grade)* están los estudiantes cuando tienen 12 años?
   ¿15 años? ¿10 años?

   _____

5. ¿Quién es un buen jugador de básquetbol?

   _____

6. ¿Quién es un/a gran cantante de música rock?

   _____

MOSAICOS

A leer

5-23 ¿Necesita dinero? This ad encourages people to apply for a loan (**préstamo**). Read it and then complete each statement, based on the information in the ad.

1. Cuando usted necesita dinero, puede ir al _____.

2. Usted puede solicitar crédito para comprar _____, _____,

   _____ o _____.

3. El crédito puede ser por un máximo de tres _____ de pesetas.

4. Usted puede pagar en un _____ o, como máximo, en _____.

5. El único requisito es _____ cuando solicita el préstamo.

5-24 Primera mirada. Read the article and find the following information.

La limpieza antes y después de la mudanza

✔ La limpieza de su hogar antiguo constituye una parte importante de su mudanza. Pregunte al propietario de la casa o al agente inmobiliario si tiene la responsabilidad de limpiar para recibir su depósito entero o cumplir con las obligaciones de su contrato de venta.

✔ Haga su limpieza en fases:

- Limpie tanto como pueda *antes* de que lleguen los agentes de mudanzas. Asegúrese de tener suficiente tiempo para acabar de limpiar *después* de que se hayan marchado los agentes de mudanzas.

- Asegúrese que su nuevo hogar está limpio *antes* de mudarse. Es mucho más difícil limpiar cuando los muebles ya han llegado.

✔ Mantener todos los productos fuera del alcance de los niños.

Productos que debe tener a mano:

- Producto para la limpieza de superficies de todo uso
- Producto para limpiar los suelos y cera
- Limpiacristales
- Brillo y limpiador de muebles
- Producto para limpiar los azulejos del cuarto de baño
- Producto para limpiar los inodoros
- Desatascador de desagües
- Quitamanchas para las alfombras
- Producto para limpiar el horno
- Ambientador
- Bolsas para la basura
- Esponjas
- Trapos o telas viejas
- Cubo
- Escoba
- Fregasuelos

Vocabulario nuevo			
acabar de	to have just (done something)	hayan marchado	have left
quitar	to remove	manchas	stains
antiguo	viejo	alcance	reach
suelos	pisos		

1. Si *to clean* es limpiar ¿cómo se dice *cleanliness, clean* y *cleaner* en español? Si *to move (change of residence)* es mudarse, ¿cómo se dice *moving* y *movers* en español?

_____

2. ¿Cuántas palabras compuestas *(compound)* puede Ud. encontrar en este artículo? ¿Cuáles son?

    _____

3. ¿Qué palabra puede Ud. usar en lugar de *(in place of)* hogar?

    _____

4. ¿Cuál es el antónimo de *después*?

    _____

5-25 La mudanza. The Rivera family is moving to a new house. Read the article from the previous exercise and answer these questions.

1. ¿Por qué es importante que limpie su casa vieja antes de mudarse?

    _____

2. ¿Cuándo debe limpiar su casa vieja? ¿Y su casa nueva?

    _____

3. ¿Qué dice el artículo sobre los niños y los productos de limpieza?

    _____

4. ¿Qué productos de limpieza usa Ud. con más frecuencia?

    _____

5. ¿Qué parte de su casa no le gusta limpiar a Ud.?

    _____

A escribir

5-26 Un plano. Draw a floor plan of your parents' house or apartment with the furniture in it.

5-27 Los decoradores. You are a student at **El Prado Institute of Design** in Spain. Read this article and make a list of ideas you could use to redecorate your parents' house.

	Vocabulario nuevo				
entrada	*entrance*	pared	*wall*	focos	*light bulb*
pintar	*to paint*	pasillo	*hall*	suprimir	*to take away*
se hizo	*it was made*	se cubrió	*it was covered*	se dejó	*it was left*
quedó abierta	*it was left open*	estanterías	*shelves*		

IDEAS PRACTICAS PARA LA DECORACION

La entrada a una casa nos ofrece una impresión del carácter y la personalidad de la vivienda; sin embar-

SOLUCION A LAS ENTRADAS DIFICILES

go, muchas veces es la zona menos cuidada. Nos solemos encontrar con pasillos pequeños, alargados u oscuros. A veces este espacio se puede aprovechar, pero es difícil hacerlo en en algunos casos. Entonces se puede recurrir a soluciones estéticas que disimulen los defectos; por ejemplo, una manera de agrandar el espacio es recubrir una pared con espejo. También se puede proporcionar una mayor luminosidad; esto se consigue a través de focos en el techo dirigidos hacia las paredes o bien pintar éstas en tonos muy claros.

Hay otro tipo de soluciones que son un poco más complicadas de rea-

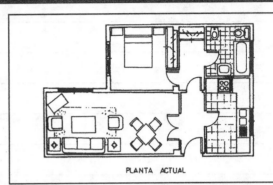

PLANTA ACTUAL

lizar, pero al mismo tiempo se logra un efecto más espectacular y un maximo aprovechamiento del espacio. Esta solución requerirá la ayuda de un profesional.

Esta vivienda que ofrecemos como ejemplo tenía como entrada un pasillo lleno de puertas, y tras un detenido estudio del espacio decidimos hacer una reforma. En primer lugar, se suprimieron algunas puertas; a un lado se hizo un armario que no llegara hasta el techo; entre éste y el armario se dejó un espacio de 50 centímetros que se cubrió con cristal, dejando pasar la luz natural a la entrada. La zona que se destinó a comedor quedó abierta; para una mayor independencia con la entrada se instalaron unas estanterías o expositores.

Como resultado quedó una zona de asiento más amplia en el salón, una zona de comedor independiente y se consiguió una entrada con una mayor luminosidad y un mejor aprovechamiento.

ESTUDIO COLUMELA-6

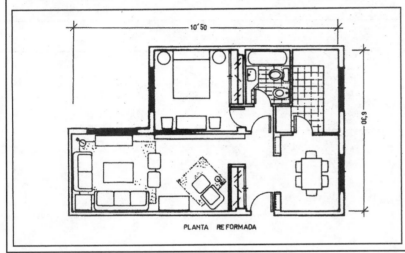

PLANTA REFORMADA

5-28 La decoración. Write a letter to your parents explaining how you can make their house look bigger. Include a new floor plan of their house with the changes you propose.

_____

_____

_____

_____

_____

_____

_____

_____

New floor plan:

Lección 6
El tiempo y los deportes

A PRIMERA VISTA

6-1 Asociaciones. What sport(s) do you think of when you see these words and names?

MODELO: N.Y. Yankees   *béisbol*

1. Michael Jordan   _____

2. Tour de France   _____

3. Tiger Woods   _____

4. Dallas Cowboys   _____

5. Wimbledon   _____

6. La Copa Mundial   _____

6-2 Los deportes. Circle the word that does not belong in each group and explain why.

1. bate, guante, piscina

    _____

2. tenista, aficionado, ciclista

    _____

3. jugar, nadar, mirar

    _____

4. pista, raqueta, pelota

    _____

5. buceo, natación, béisbol

    _____

6-3 Las estaciones. Circle the most logical completion for each sentence.

1. En el invierno muchas personas van a las montañas a ...

   a) nadar.   b) esquiar.   c) jugar al tenis.

2. En el otoño en San Francisco hace ...

   a) calor.   b) fresco.   c) mucho frío.

3. En el verano nosotros nadamos en ...

   a) el mar.   b) la nieve.   c) el viento.

4. En Nueva York hace mucho frío en ...

   a) la primavera.   b) el verano.   c) el invierno.

5. Hace mal tiempo cuando ...

   a) hace sol.   b) está muy claro.   c) llueve mucho.

6-4 Asociaciones. Match each drawing with the most accurate description.

a) Llueve mucho.	d) Hace muy buen tiempo.
b) Hace viento.	e) Hace mucho calor.
c) Está nublado.	f) Aquí hace mucho frío en invierno.

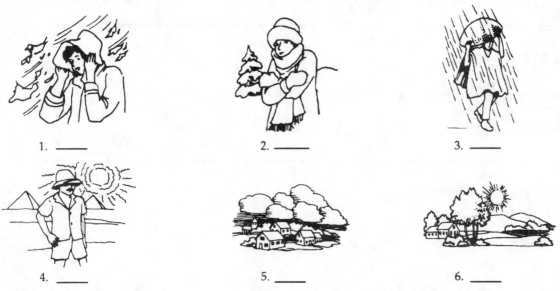

1. _____   2. _____   3. _____

4. _____   5. _____   6. _____

EXPLICACIÓN Y EXPANSIÓN

Síntesis gramatical

1. Preterit tense of regular verbs

	HABLAR	COMER	VIVIR
yo	hablé	comí	viví
tú	hablaste	comiste	viviste
Ud., él, ella	habló	comió	vivió
nosotros/as	hablamos	comimos	vivimos
vosotros/as	hablasteis	comisteis	vivisteis
Uds., ellos/as	hablaron	comieron	vivieron

2. Preterit of *ir* and *ser*

yo	fui	nosotros/as	fuimos
tú	fuiste	vosotros/as	fuisteis
Ud., él, ella	fue	Uds., ellos/as	fueron

3. Reflexive verbs and pronouns

yo	me lavo	*I wash (myself)*
tú	te lavas	*you wash (yourself)*
Ud.	se lava	*you wash (yourself)*
él	se lava	*he washes (himself)*
ella	se lava	*she washes (herself)*
nosotros/as	nos lavamos	*we wash (ourselves)*
vosotros/as	os laváis	*you wash (yourselves)*
Uds.	se lavan	*you wash (yourselves)*
ellos/as	se lavan	*they wash (themselves)*

4. Adverbs

FEMININE FORM:	rápida	rápidamente
NO SPECIAL FEMININE FORM:	fácil	fácilmente

5. Preterit tense of stem-changing *-ir* verbs *(e → i) (o → u)*

yo	preferí	nosotros/as	preferimos
tú	preferiste	vosotros/as	preferisteis
Ud., él, ella	prefirió	Uds., ellos/as	prefirieron

yo	dormí	nosotros/as	dormimos
tú	dormiste	vosotros/as	dormisteis
Ud., él, ella	durmió	Uds., ellos/as	durmieron

Preterit tense of regular verbs

6-5 ¿Qué hicieron estas personas? Circle the most logical completion for each situation.

1. En el restaurante La Concha, Sara y Mauro ...

   a) vieron un programa de televisión.

   b) se despertaron a las siete.

   c) pagaron 10.000 pesetas por una cena deliciosa.

2. Después de un día de mucha actividad, Manuel ...

   a) volvió a su cuarto en el hotel para descansar.

   b) desayunó con sus padres en una cafetería.

   c) corrió en el estadio por la mañana.

3. Antes de (*before*) llegar al país, yo ...

   a) limpié los cuartos.

   b) estudié el mapa con mucho cuidado.

   c) tendí la ropa en el jardín.

4. En la playa, nosotros ...

   a) lavamos las frutas y los vegetales.

   b) nadamos con unos amigos.

   c) cultivamos vegetales.

5. Anoche tú saliste para ...

   a) ir a una actividad cultural.

   b) poner la mesa.

   c) almorzar con tus compañeros.

6. Ayer, en la librería, ustedes ...

   a) tomaron unos refrescos.

   b) compraron unos cuadernos y lápices.

   c) corrieron y jugaron con el dependiente.

6-6 Una tarde en Santander. Last month you and some friends were in Santander, a city on the Northern coast of Spain. Using the following clues, write about what you did.

MODELO: yo / caminar por la calle Pedrueca
        Yo caminé por la calle Pedrueca.

1. mis amigos / jugar fútbol en el Estadio Municipal

    _____

2. tú / bailar hasta la una de la mañana en La Competencia

    _____

3. Alicia y Carmen / comprar una raqueta en la tienda Mafor

    _____

4. Diego / beber un refresco en El Bar del Puerto

    _____

5. tú y yo / ver el Festival Internacional de Santander

    _____

6. tú / nadar en la playa El Sardinero

    _____

6-7 Una fiesta. Write about what you and your friends did at a party last week. Combine elements from the chart, and add other phrases of your own.

Personas	Actividades	Lugar, objeto, hora
Yo	preparar	toda la noche
Rosario y yo	llegar	un arroz con pollo
Elena y Raúl	bailar	a la una
Pablo y yo	beber	los platos
Magdalena	lavar	a las ocho
Nosotros	volver a casa	vino blanco

MODELO: *En la fiesta yo bailé toda la noche.*

1. _____

2. _____

3. _____

4. _____

5. _____

6. _____

Preterit of *ir* and *ser*

6-8 ¿Ir o ser? Which verb is being used? Let the context of each sentence help you decide which verb to choose: **ir** or **ser**.

_____ 1. ¿Qué día fue ayer?

_____ 2. Los jugadores fueron a la cancha.

_____ 3. Yo fui a esquiar el invierno pasado.

_____ 4. Babe Ruth fue un gran jugador de béisbol.

_____ 5. Tú fuiste a todos los partidos finales de tu equipo favorito de baloncesto.

_____ 6. Javier y yo fuimos tenistas.

6-9 **Un viaje a México.** Last year your soccer team went to Mexico. Finish the story by writing the correct preterit form of the verbs **ir** or **ser** in the blanks.

El año pasado nuestro equipo de fútbol (1) _____ a México. Mario Infante, uno

de los jugadores, (2) _____ nuestro guía. Nosotros (3)_____ a Yucatán y

visitamos las ruinas de los mayas. La visita a Chichén-Itzá (4)_____ muy interesante.

Los mexicanos (5) _____ muy agradables. Nos gustó mucho México.

Reflexive verbs

6-10 El día de Maribel. Complete these sentences about some of Maribel's daily activities. Choose the most appropriate verb to complete each one.

ponerse la ropa	despertarse	quitarse	irse
secarse	acostarse	lavarse	

1. Son las siete de la mañana, suena el despertador (*the alarm clock rings*) y Maribel

    _____.

2. Ella apaga (*turns off*) el despertador y va al baño para _____.

3. Después de bañarse, Maribel _____.

4. Antes de ir a desayunar, ella _____.

5. Maribel está en la universidad por la mañana. Por la tarde, estudia con su amiga

    Luz María. Por la noche vuelve a su casa para cenar con sus padres. Después de ver

    televisión, ella va a su cuarto y lee un rato (*a while*), pero tiene mucho sueño. Va al

    baño, se lava y después _____.

6-11 En La Romana. You and a friend are spending a week in La Romana, a resort in the Dominican Republic. Answer these questions about your stay.

1. ¿A qué hora se van para la playa?

    _____

2. ¿Está el hotel cerca o lejos de la playa?

    _____

3. ¿Se ponen ustedes ropa informal para estar en el hotel?

    _____

4. ¿Se acuestan muy tarde por la noche?

    _____

5. ¿A qué hora se levantan?

    _____

Adverbs

6-12 Mi mundo. Complete the following statements with the choice that best describes your personal experience.

1. Me gusta comer ...

   a) lentamente.   b) rápidamente.   c) continuamente.

2. Mi autor/a favorito/a escribe ...

   a) románticamente.   b) honestamente.   c) fácilmente.

3 Los profesores de mi universidad se visten. ...

   a) formalmente.   b) elegantemente.   c) informalmente.

4. Por lo general, mis padres analizan los problemas ...

   a) inmediatamente.   b) lentamente.   c) lógicamente.

5. Prefiero viajar ...

   a) cómodamente.   b) frecuentemente.   c) rápidamente.

6. Yo resuelvo los problemas ...

   a) con facilidad.   b) con tranquilidad.   c) con rapidez.

7. En público, hablo ...

   a) nerviosamente.   b) perfectamente.   c) claramente.

8. Manejo (*I drive*) mi coche ...

   a) diariamente.   b) frecuentemente.   c) lentamente.

6-13 En la universidad. Describe your daily life as a student by completing the following statements. Choose an adjective from the box and make it an adverb ending in **-mente** before giving your answer. You may also think of your own adverbs and use any verb of your choice.

relativo	rápido	fácil	simple	real
básico	lento	tranquilo	regular	general

MODELO: Yo _____
   Yo *hablo lentamente.*

1. Por las mañanas _____.

2. Esta mañana _____.

3. _____ por la tarde.

4. Mi compañero/a de cuarto es _____.

5. Mis clases son _____.

6. Mi universidad es _____.

7. Me gusta _____.

8. Voy al_____.

6-14 Los hábitos de mi familia. You are writing a composition about your family for your Spanish class. Make a list of each of your family member's habits using adverbs.

MODELO: Mi padre usa la computadora *diariamente.*
   Mi madre habla español *perfectamente.*

1. _____

2. _____

3. _____

4. _____

5. _____

6. _____

Preterit tense of stem-changing -*ir* verbs (*e>i*) (*o>u*)

6-15 Celebración. Your Argentinian friends just heard that their soccer team won the World Cup. Use the preterit of the following verbs to tell us what they did when they heard the news.

1. Rodrigo / repetir la noticia frecuentemente

   _____

2. Víctor / servir té para todos

   _____

3. Teresa / preferir tomar vino

   _____

4. ellos / vestirse rápidamente con los colores del equipo

   _____

5. mis amigos / seguir celebrando toda la noche

   _____

6. ellos / no dormir esa noche

   _____

6-16 Los amigos. Using the information in the following chart, tell what these people did last Saturday at the indicated times.

	Jorge	Alejandra y Susana
Por la mañana	Bañarse a las 7:00 Tomar un café Leer el periódico	Dormir hasta las 9:00 Desayunar cereal frío Beber una taza de té
Por la tarde	Preferir estudiar en la biblioteca Volver a casa a las 5:00	Ir a jugar tenis Almorzar en el centro
Por la noche	Salir a cenar Mirar un programa de televisión	Pedir pizza a un restaurante Bañarse a las 9:00 Leer una novela

MODELO: Por la mañana Jorge *se bañó a las siete y después tomó un café y leyó el periódico.*

1. Por la mañana Alejandra y Susana _____
   _____.

2. Por la tarde Jorge _____
   _____.

3. Por la tarde las muchachas _____
   _____.

4. Por la noche Jorge _____
   _____.

5. Por la noche las chicas _____
   _____.

ALGO MÁS: *Hace* meaning *ago*

6-17 ¿Cuánto tiempo hace? Complete the following sentences using **hace** + a time expression (**horas, días, semanas, meses, años**).

MODELO: *Hace seis meses* que llegué a esta ciudad.

1. _____ que comí una comida caliente.

2. _____ dormí una noche tranquilamente.

3. _____ fui a la playa.

4. _____ me levanté.

5. _____ viajé a otro estado.

6-18 Recordando unas vacaciones. How long ago did the persons mentioned do the activities identified in each sentence? Use **hace** and the preterit form of the verb.

MODELO: Armando / esquiar en Farellones la semana pasada.
   Hace una semana que Armando esquió en Farellones.

1. los Martínez / ir a las termas (*hot springs*) de Aguas Calientes el invierno pasado

   _____

2. yo / ir a una función del Ballet Folklórico de México el mes pasado

   _____

3. Irene y yo / visitar la Isla de Pascua (*Easter Island*) en 1993

   _____

4. Martín y Clara / jugar en el equipo de tenis el año pasado

   _____

5. nosotros / pasar por el Canal de Panamá en 1990

   _____

MOSAICOS

A leer

6-19 Los deportes. Complete the following chart, indicating whether each sport is easy or difficult to learn, if an instructor is needed to learn the sport, and how long it takes to learn the sport.

Deportes	fácil/difícil	¿Se necesita profesor? (sí/no)	¿Cuánto tiempo se necesita para aprender?
el tenis			
el béisbol			
el baloncesto			
el voleibol			
el esquí			

6-20 ¡A nadar! Your friend wants information about swimming lessons for his son. Read this ad and then write the information requested in Spanish.

> **Vocabulario nuevo**
>
> **cubierta** *covered*

1. Time needed for learning:

   _____

   _____

2. Number of students per instructor:

   _____

   _____

3. Minimum age:

   _____

   _____

4. Public transportation available:

   _____

   _____

¡En sólo 15 días!

Aprenda a nadar

En la piscina cubierta más confortable
Profesor particular para cada alumno
Especialidad niños desde 4 años de edad

ESCUELA DE NATACION

ATENAS

VICTOR DE LA SERNA, 37 - Tels. 457 85 85-86
(Prolong. Príncipe de Vergara) autobús 52 a la misma puerta

A escribir

6-21 Preparación: Media España bajo la nieve. Read this article from the front page of the Spanish newspaper *ABC* of March 1, 1996. Then indicate whether the statements that follow are true or false by circling **C** (**cierto**) or **F** (**falso**).

Vocabulario nuevo			
azotan *are lashing*	**temporal** *storm*	**aislados** *isolated*	**carreteras** *roads*

MEDIA ESPAÑA BAJO LA NIEVE

Después de un invierno con tiempo seco y temperaturas suaves, el frío y la nieve azotan desde hace tres días buena parte de España. El temporal, que es especialmente intenso en la mitad norte, donde ha dejado cientos de pueblos aislados y numerosos puertos y carreteras cerrados al tráfico o con cadenas, se extiende también al centro de la Península y a gran parte de las regiones mediterráneas. Para hoy no se esperan cambios significativos en la climatología y seguirán las heladas, la nieve y los fuertes vientos sobre la Península.

1. C   F   Éste es un problema del invierno.

2. C   F   Hace mal tiempo.

3. C   F   Nieva durante una semana.

4. C   F   Hay muchas carreteras cerradas.

5. C   F   La nieve va a seguir.

6. C   F   No va a hacer viento.

6-22 Nieve. Imagine that you are in Spain during the terrible snow storm described in **Media España bajo la nieve.** Write to your family explaining what the weather is like in Spain and its effect on the country. Give your opinion about this weather. To express your opinion you may use phrases such as: **Pienso que ... En mi opinión, Me parece que ...** To express factual information you may use phrases such as: **Los datos de/en ... indican que ..., En realidad ..., En ... (no) se puede ..., Hay/Existe(n) ...**

_____

_____

_____

_____

_____

_____

_____

_____

_____

6-23 El tiempo donde vivo. A friend from Panama has written to you asking about the weather in your area. Answer his/her questions as explicitly as possible.

1. ¿Qué tiempo hace en tu ciudad en el invierno? ¿Nieva mucho? ¿Cuál es la temperatura promedio (*average*)? ¿Es baja, alta o moderada?

   _____

   _____

2. En la primavera, ¿llueve mucho? ¿Hace buen tiempo? ¿Cuál es la temperatura promedio?

   _____

   _____

   _____

3. En el verano, ¿hace mucho calor? ¿Cuál es la temperatura promedio? ¿Hay mucha humedad o es seco? ¿Hay muchas tormentas eléctricas?

_____

_____

_____

4. En el otoño, ¿Hace mucho viento? ¿De qué color son las hojas _(leaves)_? ¿Cuál es la temperatura promedio? ¿Hace fresco?

_____

_____

_____

5. ¿En qué estación del año están Uds. ahora?

_____

_____

_____

6. ¿Qué tiempo hace en este momento?

_____

_____

_____

Lección 7
La ropa y las tiendas

A PRIMERA VISTA

7-1 Asociaciones. Match the articles of clothing that normally go together.

_____ 1. medias   a. corbata

_____ 2. blusa   b. bufanda

_____ 3. abrigo   c. falda

_____ 4. zapatos tenis   d. zapatos

_____ 5. camisa   e. sudadera

7-2 La ropa y los lugares. What clothing would each person wear to the places named?

MODELO: Alicia / Disneylandia
Alicia lleva zapatos tenis, pantalones cortos y una camiseta.

1. Carlos y María / la playa

   _____

2. mi amigo / una fiesta

   _____

3. yo / un concierto

   _____

4. los estudiantes / la clase de español

   _____

5. tío Armando / Alaska

   _____

7-3 En el almacén. What would you say to the salesperson in a store in each situation?

1. You are trying on a pair of shoes but they are too big.

   a) Me quedan bien.

   b) Me quedan grandes.

   c) Son muy cómodos.

2. You bought a pair of jeans yesterday but you decide that you don't like the material.

   a) Me quedan muy bien.

   b) Quisiera cambiarlos.

   c) Me gustan mucho.

3. You would like to try on a suit.

   a) Quisiera cambiar este traje.

   b) Quisiera probarme este traje.

   c) Quisiera comprar este traje.

4. You are looking for a long cotton skirt.

   a) Estoy buscando una falda corta de seda.

   b) Necesito una camisa y una falda azul de lana.

   c) Busco una falda larga de algodón.

5. You want to pay cash.

   a) Voy a pagar con cheque.

   b) Voy a usar una tarjeta de crédito.

   c) Voy a pagar en efectivo.

EXPLICACIÓN Y EXPANSIÓN

Síntesis gramatical

1. Indirect object nouns and pronouns

me	*to or for me*	nos	*to or for us*
te	*to or for you (fam.)*	os	*to or for you (fam.)*
le	*to or for you (formal), him, her, it*	les	*to or for you (formal) them*

2. The verb *dar*

	PRESENT	PRETERIT
yo	doy	di
tú	das	diste
Ud., él, ella	da	dio
nosotros/as	damos	dimos
vosotros/as	dais	disteis
Uds., ellos, ellas	dan	dieron

3. *Gustar* and similar verbs

Indirect object pronoun + **gusta/gustó** + *singular noun/pronoun*
Indirect object pronoun + **gustan/gustaron** + *plural noun/pronoun*

4. Pronouns after prepositions

After **a, de, para, sin**

mí	**nosotros**
ti	**vosotros**
usted, él, ella	**ustedes, ellos, ellas**

After **con**, remember **conmigo, contigo.**
After **entre**, remember **entre tú y yo.**

5. Some irregular preterits

INFINITIVE	NEW STEM	PRETERIT FORMS
hacer	hic-	hice, hiciste, hizo, hicimos, hicisteis, hicieron
querer	quis-	quise, quisiste, quiso, quisimos, quisisteis, quisieron
venir	vin-	vine, viniste, vino, vinimos, vinisteis, vinieron
decir	dij-	dije, dijiste, dijo, dijimos, dijisteis, dijeron
traer	traj-	traje, trajiste, trajo, trajimos, trajisteis, trajeron
traducir	traduj-	traduje, tradujiste, tradujo, tradujimos, tradujisteis, tradujeron
estar	estuv-	estuve, estuviste, estuvo, estuvimos, estuvisteis, estuvieron
tener	tuv-	tuve, tuviste, tuvo, tuvimos, tuvisteis, tuvieron
poder	pud-	pude, pudiste, pudo, pudimos, pudisteis, pudieron
poner	pus-	puse, pusiste, puso, pusimos, pusisteis, pusieron
saber	sup-	supe, supiste, supo, supimos, supisteis, supieron

Indirect object nouns and pronouns

7-4 Ayudando a una amiga. Your friend Magdalena is not feeling well. Write down the chores you are doing for her. Use indirect object pronouns.

MODELO: lavar la ropa
Yo le lavo la ropa.

1. barrer la casa _____

2. tender la ropa_____

3. preparar la comida _____

4. limpiar los muebles _____

5. pasar la aspiradora _____

7-5 El cumpleaños de Rosita. You are in charge of organizing Rosita's birthday party. You are checking with your friends to make sure that each is responsible for a chore. Write down their answers.

MODELO: ¿Me vas a lavar los platos?
Sí, te voy a lavar los platos.

1. ¿Me vas a servir los refrescos?

   _____

2. ¿Nos vas a preparar las papas fritas y el queso?

   _____

3. ¿Le vas a comprar el regalo a Rosita?

   _____

4. ¿Les vas a pedir los casetes a Lina y Pepe?

   _____

5. ¿Me vas a escribir las invitaciones?

   _____

The verb *dar*

7-6 La graduación. Carmita wants to know what your family is going to give her sister for her graduation. Answer her questions by finishing the sentences with a form of the verb **dar**.

CARMITA: La semana próxima es la graduación de Susana. ¿Qué regalos le van a

(1) _____ ustedes?

USTED: Diana le (2) _____ una falda y Gustavo le (3) _____

un abrigo. María y papá le (4) _____ un vestido y unos zapatos. Tú

le (5) _____ unos aretes y yo le (6) _____ un traje de

baño.

7-7 Un programa de televisión. You are the costume manager for a TV program. What clothing would you give these actors for their roles?

MODELO: un ejecutivo
Le doy un traje azul, una camisa de rayas, una corbata roja y unos zapatos negros.

1. una cantante de rock _____

_____

2. unos jugadores de baloncesto _____

_____

3. un árbitro _____

_____

4. unos estudiantes_____

_____

5. un camarero _____

_____

Gustar and similar verbs

7-8 De compras. Some friends went shopping and are talking about it. Circle the verb that best completes what they are saying.

BERTA: Me (gustó / gustaron) mucho el nuevo centro comercial.

ANITA: A nosotras también. Además, nos (gustó / gustaron) los trajes que vimos en el

almacén la Moda.

HILDA: Y a Rita le (pareció / parecieron) muy bonitos también.

BERTA: Sí, pero también le (cayó / cayeron) mal la dependienta.

ANITA: ¡Ay, Berta! Tú sabes cómo es Rita. A ella sólo le (interesa / interesan) las bou-

tiques elegantes con dependientas muy finas.

HILDA: Bueno, pero le (encantó / encantaron) ir de compras con nosotras. Dice que

quiere ir otra vez.

7-9 Me gusta o no me gusta. Tell your new friend what you like and dislike.

MODELO: la ropa informal
         Me gusta la ropa informal. o
         No me gusta la ropa informal.

1. la playa _____

2. el fútbol _____

3. las hamburguesas _____

4. los pantalones de vaquero _____

5. las joyas _____

7-10 A ellos y a mí. Complete the following survey giving your preferences and those of your classmates.

1. ¿Qué te gusta más, ir al cine o mirar televisión?

   _____

   ¿Y a tus compañeros/as?

   _____

2. ¿Qué te gustan más, las películas cómicas o las dramáticas?

   _____

   ¿Y a tus compañeros/as?

   _____

3. ¿Qué te interesa más, visitar México o Argentina?

   _____

   ¿Y a tus compañeros/as?

   _____

4. ¿Qué deporte te parece más interesante, el golf o la natación?

   _____

   ¿Y a tus compañeros/as?

   _____

Pronouns after prepositions

7-11 Los regalos de Navidad. A friend is helping you wrap Christmas presents. Answer her questions using a pronoun, according to the model.

MODELO: ¿Esta raqueta es para Laura o para Rafael?
   Es para él.

1. ¿Este regalo es para Pedro o para Carlos y Lucía?

   _____

2. ¿Este suéter es el regalo de Alejandro o de Carolina?

_____

3. ¿Este libro es para tu mamá o para tus tías?

_____

4. ¿Este disco es para tus sobrinos o para tus primas?

_____

5. ¿Esta camisa de cuadros es para tu papá o para tu abuelo?

_____

7-12 Crucigrama. Use prepositions and pronouns to solve the crossword puzzle.

Horizontales

1. Catalina y yo vamos al cine. Ella va _____.

3. Ramón estudió anoche

   _____ Carlota.

4. Josefina no puede ir a la fiesta

   _____ mí.

5. A _____ me gusta el

   helado de vainilla.

6. Compré estos discos de Plácido

   Domingo para _____.

7. Juan no quiere ver la

   película _____ ellos.

Verticales

1. Como te sientes mal, prefiero ir al médico _____.

2. Federico y Anita trabajaron por _____ porque tenemos que estudiar para un

   examen.

Some irregular preterits

7-13 Descubriendo Chile. Complete the description with the appropriate preterit form of each verb.

estar	tener	poder	poner	conocer
ir	saber	visitar	ver	

Nuestra familia fue a Chile en 1997. Nosotros (1) _____ en avión y

(2) _____ quince días allí. En la región de los lagos (3) _____ la

ciudad de Puerto Montt. Fue algo muy especial. El primer día (4) _____ el

centro comercial, las playas de Pelluco y el mercado de mariscos. No (5) _____

tiempo de ver todo, pero por lo menos (6) _____ los lugares más importantes.

Por la noche (7) _____ que el balneario (*resort*) de Frutillar estaba (*was*) cerca.

Por la mañana salimos para Frutillar y cuando llegamos nos (8) _____ el traje

de baño y pasamos una tarde maravillosa. Al día siguiente salimos para los lagos, pero no

(9) _____ ver el volcán Osorno porque estaba muy nublado.

7-14 Un día en Santiago de Chile. Tell some friends back home about your schedule for one day in Santiago using the preterit.

Vocabulario nuevo		
hipódromo *race track*	fundar *to found*	Palacio de Bellas Artes *fine arts museum*

Antes de salir del hotel me (1) _____ (poner) unos zapatos cómodos para ver

la ciudad. Después (2) _____ ir al hipódromo y al Palacio de Bellas Artes.

(3) _____ (estar) allí tres horas y (4) _____ (poder) ver casi

todo el Palacio de Bellas Artes. Después (5) _____ (tomar) el autobús

para ir a la Universidad de Chile y al cerro Santa Lucía donde Pedro de Valdivia

(6) _____ (fundar) la ciudad. Yo (7) _____ (tener) que volver al

hotel a las seis de la tarde para reunirme con unos amigos.

7-15 ¿Qué hice? Describe what you did last Sunday. You may talk about work, studies, sports, leisure activities, etc. You may use the verbs in the box or think of your own.

hacer	salir	decir	mirar	estar	tener
poder	jugar	gustar	comprar	trabajar	ir

El domingo por la mañana . . .

1. _____

2. _____

3. _____

Por la tarde . . .

4. _____

5. _____

6. _____

Por la noche . . .

7. _____

8. _____

ALGO MÁS: Some uses of *por* and *para*

7-16 ¿Por o porque? Circle the word **por** or **porque** to complete each sentence.

MODELOS: Mónica está contenta (por) (por, porque) su compromiso *(engagement)*.
         Mónica está contenta (porque) (por, porque) se comprometió *(became engaged)*.

1. Julio dejó *(left)* a su novia (por, porque) Beatriz.

   Julio dejó a su novia (por, porque) quiere a Beatriz.

2. La mamá de Ernestito se preocupa (por, porque) está enfermo.

   La mamá de Ernestito se preocupa (por, porque) su salud *(health)*.

3. Estoy nervioso (por, porque) tengo un examen.

   Estoy nervioso (por, porque) el examen.

4. El equipo no juega hoy (por, porque) el calor.

   El equipo no juega hoy (por, porque) hace calor.

7-17 La razón es ... Write a sentence in which you name the product or thing each of these countries are known for.

MODELO: Chile / vino
        Chile es famoso por el vino.

1. Colombia / café

   _____

2. Perú / incas

   _____

3. Puerto Rico / playas

   _____

4. Ecuador / Islas Galápagos

   _____

5. México / plata *(silver)*

   _____

6. Venezuela / petróleo

   _____

MOSAICOS

A leer

7-18 Ropa y accesorios. Fill in the chart based on what you would wear and the accessories you would need for each of the following activities.

Lugar y actividad	Ropa	Accesorios
1. Para estudiar en la biblioteca		
2. Fiesta en la universidad		
3. Entrevista para un trabajo		
4. Celebración con la familia		
5. Excursión de esquí		

7-19 Por la noche. Read the ad on page 123 for evening accessories and then complete the following activities.

Vocabulario nuevo
pedrería *stones*

Cierto o falso

Based on the information in the ad, indicate whether each statement is true (**cierto**) or false (**falso**) by writing **C** or **F** in the spaces below.

1. _____ Hay accesorios muy variados.

2. _____ Los accesorios no son importantes.

3. _____ Un collar de perlas puede cambiar la impresión de un vestido.

4. _____ Los aretes no transforman la imagen de una chica.

5. _____ Debemos llevar los accesorios necesarios para cada ocasión.

MODA

Son variados, sugestivos y capaces de adoptar los papeles más diversos. Con frecuencia se definen como complementos, pero todas sabemos que pueden convertirse en protagonistas exclusivos de todo nuestro atuendo. Son los accesorios. Y en esta época más que en ninguna otra, ellos se incorporan a nuestras necesidades de forma especial. El más sencillo de nuestros vestidos se puede

MAGIA DE LUZ EN LA NOCHE ★

transformar automáticamente al agregar un par de hermosos aretes de pedrería o un collar de perlas gigantes.

Pero esta transformación conlleva sus riesgos. Para no fracasar debemos delimitar el nivel festivo de la ocasión. Si se trata de una celebración en la oficina el cambio deberá ser tan sutil como acentuar nuestro labial con un tono más atrevido, cambiar de aretes o ponernos unos zapatos más altos. Si nos invitan a una hogareña posada, hay que recordar que el ambiente suele ser informal y si vamos cargadas de pedrería podemos sentirnos fuera de lugar. Sin embargo, con las fiestas de nuevo año puedes echar a volar tu imaginación y tus gustos. Saca las bolsas de satén y aprovecha los salones a media luz para que tú puedas brillar con luz propia gracias a tus aretes, collares, zapatos con adornos y maquillaje luminoso.

Para completar

Choose the best answer based on the information in the ad.

1. Los accesorios son …

    a. grandes.

    b. sugestivos.

    c. insignificantes.

2. Según el anuncio es bueno usar …

    a. reloj.

    b. billetera.

    c. aretes.

3. Para trabajar en la oficina una chica puede ponerse …

    a. zapatos con tacón alto.

    b. vaqueros.

    c. zapatos con pedrería.

4. En el anuncio vemos dos …

    a. cinturones.

    b. bolsas.

    c. anillos.

5. Las chicas deben usar collares de perlas y zapatos con adorno por la …

    a. mañana.

    b. tarde.

    c. noche.

7-20 El atuendo apropiado. Look at the ad again and identify the three types of social situations mentioned. Then indicate which of the following people is most appropriately dressed for each of the three social settings.

1. _____ María José lleva un vestido negro, zapatos de tacón alto, aretes de oro con pequeñas perlas y un collar de perlas alrededor del cuello. Está maquillada y tiene los labios pintados de un rojo muy seductor.

2. _____ Pablo lleva un traje gris oscuro y una corbata de muchos colores. Tiene un arete y un reloj pulsera de oro. En el bolsillo de su chaqueta se ve un pañuelo que combina con la corbata.

3. _____ Raquel tiene puestos un suéter color café claro, unos jeans y unas botas de cuero. En una oreja tiene un arete en forma de un pequeño sol y en la otra un arete en forma de una pequeña luna. Está ligeramente maquillada con un poco de tinte en las pestañas.

A escribir

7-21 Experiencia inolvidable. It is graduation time and a reporter for the campus newspaper is interviewing you about the most memorable experience (positive or negative) you had in one of your classes. Answer her questions in detail and add any other information that could help develop the story.

1. ¿Cuándo le ocurrió a usted esta experiencia? ¿En qué semestre? ¿En qué año?

_____

_____

_____

2. ¿Ocurrió durante la clase? ¿Dónde ocurrió? ¿En qué clase? ¿Quién era el profesor?

_____

_____

_____

3. ¿Qué le pasó (*happened*) primero? ¿luego? ¿finalmente?

_____

_____

_____

4. ¿Qué hizo usted? ¿Qué hizo el profesor? ¿Y qué hicieron los estudiantes?

_____

_____

_____

5. ¿Cómo terminó la experiencia? ¿Aprendió usted algo de esta experiencia?

_____

_____

_____

7-22 El escritor. Now that you have recalled the details of your most memorable college experience, assume the role of the reporter and write an article for the newspaper about your experience.

_____

_____

_____

_____

_____

_____

_____

_____

_____

_____

_____

_____

_____

_____

_____

A PRIMERA VISTA

8-1 Asociaciones. Match the descriptions on the left with the holidays on the right.

1. Un día muy especial para los novios y
   esposos.   _____ Día de los Difuntos

2. Una fiesta muy importante en algunas
   ciudades como Nueva Orleans y Río de Janeiro. _____ Nochebuena

3. Día especial para recordar a las personas
   muertas de la familia.   _____ Día de la Independencia

4. Las familias hispanas celebran la Navidad
   con una gran cena.   _____ Día de las Brujas

5. Hay desfiles con banderas *(flags)* y bandas.   _____ Carnaval

6. Los niños americanos van a las casas
   de sus vecinos *(neighbors)* y les piden algo.   _____ Día de los Enamorados

8-2 Crucigrama. Complete the following sentences to solve the crossword puzzle. When you complete the puzzle, the vertical row will contain the name of a holiday.

1. Los países celebran su
   libertad y soberanía el Día
   de la _____.

2. Santa Claus les trae regalos
   a los niños en

   _____.

3. El cuarto jueves de
   noviembre es el Día de
   Acción de _____.

4. Las personas mayores se
   disfrazan y se divierten
   mucho en el

   _____.

5. El primer día del año es
   el Año _____.

6. En el mes de mayo se
   celebra en muchos países
   el Día de las _____.

8-3 Las fiestas tradicionales de los Estados Unidos. Answer an Argentinian exchange student's questions about the holidays and traditions in the United States by completing the following dialog.

ALBERTO: En mi país no tenemos el Día de Acción de Gracias. ¿Me puedes explicar qué es y cuándo lo celebran ustedes?

YO: _____

_____

ALBERTO: Me parece una tradición estupenda. Aquí seguramente celebran el día del cumpleaños igual que nosotros. ¿Cuándo es tu cumpleaños y qué tipo de regalos prefieres recibir?

YO: _____

_____

ALBERTO: Esos regalos me parecen muy buenos. Ahora dime algo de las fiestas en este país. ¿Qué tipo de fiestas te gustan a ti?

YO: _____

_____

ALBERTO: ¡Qué bien! Me tienes que avisar la próxima vez para ir a una fiesta contigo.

8-4 Una invitación. You invite your friends Guillermo and Álvaro to a Super Bowl party. Guillermo accepts the invitation and wants to know what to bring. Álvaro declines and tells you why. Give them information about the party. Then, write your friends' responses.

1. Propósito de la fiesta: _____

    Día: _____

    Hora: _____

    Dónde: _____

2. Guillermo (*accepting*): _____

    ¿Qué comida puedo llevar a la fiesta? _____

_____

3. Álvaro (*declining*): _____

    ¿Por qué? _____

EXPLICACIÓN Y EXPANSIÓN

Síntesis gramatical

1. The imperfect

- express habitual or repeated actions in the past
- express an action or state that was in progress in the past
- describe characteristics and conditions in the past
- tell time in the past
- tell age in the past

2. Imperfect of regular and irregular verbs

	HABLAR	COMER	VIVIR
yo	hablaba	comía	vivía
tú	hablabas	comías	vivías
Ud., él, ella	hablaba	comía	vivía
nosotros/as	hablábamos	comíamos	vivíamos
vosotros/as	hablabais	comíais	vivíais
Uds., ellos/as	hablaban	comían	vivían

Spanish has three irregular verbs in the imperfect.
ir: iba, ibas, iba, íbamos, ibais, iban
ser: era, eras, era, éramos, erais, eran
ver: veía, veías, veía, veíamos, veíais, veían

3. The preterit and the imperfect

IMPERFECTO
- to talk about customary or habitual actions or states in the past.
- to talk about an ongoing part of an event or state.

PRETÉRITO
- to talk about the beginning or end of an event or state.
- to talk about an action or state that occurred over a period of time with a definite beginning and end.
- to narrate a sequence of completed actions in the past; note that there is a forward movement of narrative time.

4. Comparisons of inequality

más + *adjective/noun* + que
menos + *adjective/noun* + que
más/menos + *adverb* + que

5. Comparisons of equality

tan + *adjective/adverb* + como	*as . . . + as*
tantos/as + *noun* + como	*as many . . . + as*
tanto/a + *noun* + como	*as much . . . + as*
tanto como	*as much as*

6. The superlative

Definite article + (*noun*) + más/menos + *adjective* + de
La procesión más importante de la ciudad.
adjective + -ísimo
grande + -ísimo = grandísimo
fácil + -ísimo = facilísimo

Imperfect of regular and irregular verbs

8-5 En la escuela primaria. Match the people with the appropriate actions. Then write what you used to do in elementary school.

1. Ella   _____ jugaban fútbol por las tardes.

2. Nosotros   _____ cuidabas a tus hermanos.

3. Los chicos mayores   _____ ayudaba a la profesora.

4. Tú   _____ hacíamos la tarea.

5. Yo   _____

8-6 Antes era diferente. Contrast each statement about the present with the way things used to be. Follow the model.

MODELO: Ahora me gusta la sopa.
       Antes no me gustaba la sopa.

1. Ahora mi hermana hace ejercicio.

   _____

2. Ahora mi madre viaja en avión.

   _____

3. Ahora mis hermanos viven en la universidad.

   _____

4. Ahora tengo un coche deportivo.

   _____

5. Ahora mi padre no trabaja en la oficina.

   _____

6. Ahora no leo libros de historia.

   _____

8-7 Cuando tenía diez años. Write a paragraph about yourself when you were ten years old using verbs and phrases from the box or think of your own words.

ir a la playa los domingos	vivir	ser
visitar a los abuelos	estudiar	ver
partidos de fútbol	dormir	gustar
practicar deportes	comer	montar bicicleta

_____

_____

_____

_____

_____

_____

_____

The preterit and the imperfect

8-8 ¿Pretérito o imperfecto? Complete the sentences by circling the appropriate past tense form of each verb.

1. (Fueron, Eran) las dos de la mañana cuando ellos (llegaron, llegaban) al hotel.

2. La fiesta de quince años que mis padres le (dieron, daban) a mi hermana el año
   pasado (fue, era) algo muy especial.

3. Cada Navidad (fuimos, íbamos) a casa de mis abuelos y Papá Noel nos (trajo, traía)
   muchos regalos.

4. Recuerdo que un año mis padres no le (compraron, compraban) una piñata a mi
   hermano.

5. Mientras Ernesto (cantó, cantaba), los muchachos (escuchaban, escucharon) con
   mucha atención.

6. (Conocía, Conocí) al director de la orquesta el mes pasado, pero no (sabía, supe) que
   vivía en esta ciudad.

7. El domingo pasado, Día de las Madres, (llevé, llevaba) a mi mamá a un concierto de rock.

8. Todos los años para celebrar el Año Nuevo, Carolina y Martín (fueron, iban) a casa de los Solís y allí (bailaron, bailaban) hasta las dos o tres de la mañana.

8-9 El primer viaje a España. Fill in the blanks with the correct preterit or imperfect verb form.

Yo (1) _____ (ser) estudiante universitario la primera vez que yo

(2) _____ (ir) a España. (3) _____ (llegar) al hotel por la

mañana, pero ya *(already)* (4) _____ (hacer) calor en la calle. Yo me

(5) _____ (quedar) una hora en la habitación para descansar después del

viaje y luego (6) _____ (salir)para conocer Madrid. El hotel

(7) _____ (estar) en la Gran Vía, una de las calles principales de Madrid.

(8) _____ (haber) mucha gente caminando por la calle, pero sin la prisa de

las grandes ciudades norteamericanas.

Como yo (9) _____ (tener) hambre, (10) _____(entrar) en un

pequeño restaurante para comer algo. (11) _____ (ser) las doce y media de la

tarde, pero el restaurante (12) _____(estar) vacío. El camarero

(13) _____(ver) que yo (14) _____ (ser) norteamericano y

me (15) _____ (explicar)que en España la gente come a las dos de la tarde,

más o menos.

Después de ese día yo siempre (16) _____(comer) a las dos como los españoles,

aunque muchas veces (17) _____ (tener) hambre más temprano.

8-10 ¿Qué tiene la Sra. Ruiz? The paramedics have just taken Mrs. Ruiz away in an ambulance. A policeman is asking a friend, who was at the house, what happened. Complete their conversation with the appropriate preterit or imperfect verb forms.

POLICÍA: ¿Qué hora era cuando Ud. llegó a la casa de la Sra. Ruiz?

AMIGA: (1) _____ las siete, más o menos, cuando (2) _____.

POLICÍA: ¿Quién le abrió la puerta?

AMIGA: La señora Ruiz me (3) _____ la puerta.

POLICÍA: ¿Ella le dijo algo?

AMIGA: Primero no me (4) _____ nada porque (5) _____

llorando, pero después me (6) _____ :"Me siento muy mal. Llama

a los paramédicos".

POLICÍA: ¿Y qué hizo usted?

AMIGA: (7) _____ en la casa y (8) _____ a los paramédicos.

La senté en el sofá y . . .

Mrs. Ruiz's son is explaining how Mrs. Ruiz felt when she arrived at the hospital. Use the

correct form of the verbs to complete his description.

Cuando mi mamá llegó, (1) _____ (sentirse) muy mal.

(2) _____ (estar) muy débil y casi no (3) _____ (poder)

hablar. El médico me (4) _____ (decir) que (5) _____ (tener)

la tensión muy baja. Una enfermera (*nurse*) le (6) _____ (poner) una

inyección y ahora, gracias a Dios, (7) _____ (estar) muy bien.

8-11 ¿Qué hacías? Write one thing you used to do in the following places and one thing you did that was memorable.

Jardín de la infancia (kindergarten)

1. _____

2. _____

Escuela secundaria

1. _____

2. _____

El primer semestre en la universidad

1. _____

2. _____

Comparisons of inequality

8-12 Otras personas y yo. Compare yourself to others by completing the following statements. Use **más** or **menos** and identify the other person(s).

MODELO: Yo soy *más* atlético/a que *mi hermano*.

1. Hago _____ ejercicio que _____.

2. Soy _____ fuerte que _____.

3. Participo en _____ deportes que _____.

4. Soy _____ saludable (*healthy*) que _____.

5. Me gustan _____ los ejercicios aeróbicos que

   _____.

6. Como _____ vegetales y frutas que _____.

8-13 ¿Más de o menos de? Complete these sentences correctly.

1. Yo mido (*am ... tall*) _____ 1 metro 70.

2. Nancy López pesa (*weighs*) _____ 50 kilos.

3. Los jugadores famosos ganan _____ un millón de dólares.

4. Yo gano _____ mil dólares al mes.

5. La ciudad de México tiene _____ quince millones de habitantes.

8-14 Las cosas importantes en la vida. Compare six pairs of items from the box in order of their importance to you.

MODELO: las notas / las fiestas
Las notas son más importantes que las fiestas.

el dinero	los autos	la televisión	el trabajo	la ropa
los/as amigos/as	el/la novio/a	la música	el ejercicio	la computadora
las clases	el cine	los deportes	la comida	la familia

1. _____

2. _____

3. _____

4. _____

5. _____

6. _____

8-15 Mi familia, mis amigos y yo. Compare yourself to family members and friends. Use **más/menos, mayor/menor, mejor/peor** and words from the box.

libros	discos	amigos	relojes	aretes	hablar español
casa	comprar	bailar	nadar	tener	

MODELOS: *Yo tengo más aretes que mi hermana.*
Yo bailo mejor que Carlota.

1. _____

2. _____

3. _____

4. _____

5. _____

Comparisons of equality

8-16 Aspectos de la vida deportiva. Complete the following statements.

MODELO: La natación es tan _____ como _____.
     La natación es tan difícil como el golf.

1. El fútbol es tan _____ como _____.

2. Los jugadores de béisbol son tan _____ como los jugadores de

   _____.

3. Hacer ejercicios aeróbicos es tan _____ como jugar

   _____.

4. Un jugador de básquetbol gana tanto _____ como

   _____.

5. Un jugador de fútbol _____ tanto como _____.

8-17 Comparaciones. Complete these statements using **tan, tantos/as,** or **tanto/a** to compare yourself with athletes, actors, and other famous people.

MODELO: Soy _____ divertido como _____.
     Soy tan divertido como Billy Crystal.

1. No soy _____ grande como _____.

2. Tiro (*I throw*) la pelota de béisbol _____ lejos como

   _____.

3. Soy _____ inteligente como _____.

4. Sé que tengo _____ habilidad como _____.

5. No gano _____ dinero como _____.

6. Soy _____ alto/a como un/a jugador/a de _____.

8-18 Opiniones sobre los ejercicios, los deportes y los atletas. Answer the following questions in complete sentences.

1. ¿Qué ejercicios son tan buenos para la salud *(health)* como el fútbol?

   _____

2. ¿En qué deporte se gana tanto dinero como en el tenis?

   _____

3. ¿Qué atleta es tan popular en su deporte como Michael Jordan en el baloncesto?

   _____

4. ¿Qué es mejor, hacer ejercicios aeróbicos o caminar?

   _____

5. ¿En qué deporte se necesita tanta habilidad como en el baloncesto?

   _____

The superlative

8-19 Mis preferidos. Complete the following sentences by expressing your preferences.

1. Mi mejor amigo/a es _____.

2. El mejor programa de televisión es _____ y el peor es

   _____.

3. El edificio más grande de esta universidad es _____.

4. La clase más interesante de este año es _____.

5. La película más aburrida de este año es _____.

8-20 Las opiniones de Pepe. Complete this excerpt from a health magazine by choosing words and phrases from the box. Use each item only once.

buenísimo	fresquísimos	grandísimos
el más caro	el mejor	la mejor

En el restaurante Su salud se sirve _____ comida natural de esta ciudad.

Los vegetales son _____ y los cocinan al vapor. El queso es

_____ y les recomiendo que lo coman con varias frutas. El sándwich de

pollo y alfalfa es _____. El plato de pescado y vegetales es

_____, pero es tan bueno que no importa pagar un poco más. Además,

¿hay algo más importante que la salud?

8-21 Isabel, Juan y Don Felipe. Using superlatives, compare each person's age, height, and weight to the other two based on the information in the following chart.

	Juan	Don Felipe	Isabel
edad	22 años	57 años	19 años
estatura	1,85 m	1,72 m	1,55 m
peso	72 kilos	61 kilos	48 kilos

MODELO: Isabel / edad
Isabel es la más joven / la menor de los tres.

1. Don Felipe / edad

   _____

2. Juan / estatura

   _____

3. Isabel / estatura

   _____

4. Juan / peso

   _____

5. Isabel / peso

   _____

MOSAICOS

A leer

8-22 ¿Religioso, secular o personal? Indicate whether each of the following holidays is religious, secular, or personal.

Días festivos	Religioso	Secular	Personal
1. Nochebuena			
2. Navidad			
3. Nochevieja			
4. Año Nuevo			
5. Día de la Independencia			
6. Pascua de Resurrección			
7. Aniversario de matrimonio			
8. Día de la Madre			
9. Cumpleaños			
10. Día de las Brujas			
11. Día de los Enamorados			
12. Día de Acción de Gracias			
13. Día de los Muertos			
14. Día del Padre			

8-23 Fiestas de Puerto Rico. Read this information published by the Commonwealth of Puerto Rico and answer the questions that follow.

Si usted planea ir a Puerto Rico, no olvide tomar en cuenta los días feriados y los eventos que se están celebrando allí. Hay más de 20 días de fiestas oficiales y varios festivales. Estos últimos van desde homenajes a figuras históricas nacionales, santos patronos y danzas tradicionales a celebración de las cosechas y trabajos artesanales. Todas estas ocasiones son invitaciones abiertas al aprendizaje y disfrute de nuestra herencia histórico-cultural. Durante los últimos 37 años hemos celebrado el *Festival Casals*, un evento clásico con el que se honra la memoria del célebre maestro del violoncelo *Pablo Casals*. Hoy, el Festival Casals es conocido en todo el mundo como un evento de importancia en la música. Las actuaciones de este año serán en San Juan, Ponce y Mayagüez del 5 al 19 de junio. *La Orquesta Sinfónica de Cámara de Varsovia (Polonia)*, y *la Orquesta Sinfónica de Puerto Rico* ofrecerán varios recitales en ocasiones diversas. Si usted quiere recibir infomación adicional sobre este festival llame al (809) 721-7727.

1. ¿Cuántos días de fiestas y festivales hay en Puerto Rico?

    _____

2. ¿Por cuántos años se ha celebrado el Festival Casals?

    _____

3. ¿En qué ciudades se ofrecen los conciertos?

    _____

4. ¿Cuál es la fecha del festival?

    _____

5. ¿Cuáles son las orquestas que ofrecen recitales?

    _____

6. ¿Qué debe hacer usted para obtener más información?

    _____

8-24 Tradiciones familiares. Describe one or two of your favorite family traditions for each of the following holidays.

1. el Año Nuevo

    ———

    ———

    ———

2. el Día de la Independencia

    ———

    ———

    ———

3. el Día de Acción de Gracias

    ———

    ———

    ———

A escribir

8-25 Contrastes. Read this article about two giants in the very competitive world of fashion and answer the questions.

Valentino y Armani, una rivalidad a flor de piel

Por ANDRES LAGO

ROMA, (EFE).- La rivalidad entre los modistas italianos Valentino y Armani ha quedado nuevamente en evidencia con motivo de la semana de la moda de Milán, dedicada estos días a las colecciones femeninas de otoño-invierno.

Esa competencia viene de lejos y obedece a las distintas concepciones de la moda que tienen ambos sastres -más clásico Valentino, más informal Armani-, además de que sus firmas pugnan por el liderazgo en el sector.

Armani se lleva en esta lucha la parte del león, con una facturación anual de 1,8 billones de liras (1137 millones de dólares), 800 millardos de liras (500 millones de dólares) más que los que ingresa Valentino.

Recientemente su rivalidad echó chispas cuando Armani dijo que "la moda había muerto", a lo que Valentino respondió: "será la suya". Replicó Armani: "está bien, la moda sigue viva, pero han quedado superadas las obligaciones de vestir según cánones preestablecidos".

Este episodio fue recordado al final del programa "Porta a porta" del primer canal de la televisión estatal italiana RAI, que tuvo esta semana como invitado especial a Valentino Garavini, más conocido como "Valentino".

El recuerdo no agradó mucho a Valentino, que perdió ligeramente el aire relajado que había mostrado a lo largo del programa de más de dos horas de duración.

"Armani es libre de pensar lo que quiera. Si él piensa que los cánones para vestir a una mujer son los suyos, soy feliz de que lo piense", añadió Valentino.

El modista de Voghera (noroeste) añadió que respeta que Armani diga que sus vestidos son "perfectos para la mujer 1997" pero "yo también creo que los míos son muy bien recibidos".

Valentino tiene una visión de la mujer llena de femineidad y elegancia. "Digámoslo claramente, la mujer quiere ser bella", subraya el modista, que reconoce que ahora ya no existe la mujer "muy sofisticada" de antes.

"Lo que yo quiero ahora de una mujer es que sea elegante y un poco relajada", añade Valentino, que comenzó su carrera a principios de la década de los 50 en París y que dio el gran salto en 1962 cuando obtuvo un éxito espectacular en un desfile en Florencia.

1. En el primer párrafo, ¿en qué aspectos son similares Valentino y Armani?

   _____

   _____

   _____

2. ¿Qué se contrasta en el segundo párrafo?

   _____

   _____

   _____

3. ¿Qué se contrasta en el tercer párrafo? ¿Quién tiene más ingreso anual?

   _____

   _____

   _____

4. ¿Qué se compara en el octavo párrafo?

   _____

   _____

   _____

5. ¿Cuál es la idea principal de este artículo?

   _____

   _____

   _____

8-26 Comparación. Write a couple of paragraphs comparing two holidays. Follow these steps before you start writing:

1. Choose your holidays.
2. List the similarities and differences.
3. Decide if you want to present all the similarities and/or differences of one and then all the similarities and/or differences of the other, or if you want to compare one idea at a time.

_____

_____

_____

_____

_____

_____

_____

_____

_____

_____

_____

_____

_____

_____

_____

_____

_____

El trabajo

A PRIMERA VISTA

9-1 Asociaciones. Match each occupation with the appropriate workplace.

1. cajero   _____ un laboratorio

2. científico   _____ una limosina

3. enfermero   _____ un banco

4. chofer   _____ una tienda

5. vendedor   _____ un hospital

6. mujer de negocios   _____ una oficina

9-2 ¿Quién es? Write the name of the professional or tradesperson that matches each job description.

1. Trabaja en las escuelas con problemas sicológicos y de comprensión humana.

   _____

2. Un médico que se especializa en problemas mentales.

   _____

3. Limpia la casa, cocina, lava y plancha la ropa.

   _____

4. Trabaja en películas o en la tele.

   _____

5. Contesta las llamadas por teléfono y recibe a las personas en una oficina.

   _____

9-3 ¿Qué profesional necesito? Decide what professional you need in the following situations.

Situaciones	*Persona que necesito*
1. Usted se despierta y ve que hay un fuego en la casa de enfrente.	_____
2. Hay mucha agua en el piso de su cuarto y del baño.	_____
3. Su pelo está muy largo y no tiene forma.	_____
4. Ud. está en África y no entiende a la gente *(people)*.	_____
5. Ud. está en una tienda de ropa y quiere pagar.	_____
6. Usted tiene problemas con el *"IRS"*.	_____

9-4 Entrevista sobre su trabajo (real o imaginario). A local reporter (**periodista**) is interviewing you and has asked you to answer these questions in writing.

PERIODISTA: ¿Dónde trabaja usted?

USTED: _____

PERIODISTA: ¿A qué hora llega al trabajo?

USTED: _____

PERIODISTA: ¿A qué hora sale del trabajo?

USTED: _____

PERIODISTA: ¿Cuántas personas trabajan allí?

USTED: _____

PERIODISTA: ¿Qué hace en su trabajo?

USTED: _____

EXPLICACIÓN Y EXPANSIÓN

Síntesis gramatical

1. *Se + verb* constructions

Se + usted, él, ella verb form + *singular noun*
Se **necesita** un vendedor.   *A salesman is needed.*

Se + ustedes, ellos, ellas verb form + *plural noun*
Se **necesitan** unos vendedores.   *Salesmen are needed.*

Se + usted, él, ella verb form
Se **trabaja** mucho en esta oficina.   *One/You work(s) a lot in this office.*
Se **dice que** recibió un aumento.   *They/People say that he got a raise.*

2. More on the preterit and the imperfect

Verbs with different meanings in the preterit and imperfect: **saber, querer, conocer, poder**
Expressing intentions in the past: imperfect of **ir + a + infinitive**
Imperfect progressive: imperfect of **estar + present participle** (-ando or -iendo)
El recepcionista **estaba hablando** con un cliente.

3. Direct and indirect object pronouns

Ella me dio la solicitud.   *She gave me the application.*
Ella **me la** dio.   *She gave it to me.*

4. Formal commands

		USTED	USTEDES	
hablar:	hablo	hable	hablen	*speak*
comer:	como	coma	coman	*eat*
escribir:	escribo	escriba	escriban	*write*

Se + *verb* constructions

9-5 Completar. Circle the correct completion for each sentence.

1. ... cajeros con experiencia.

   a) Se necesita   b) Se necesitan

2. En esas tiendas ... español.

   a) se habla   b) se hablan

3. Aquí ... bicicletas.

   a) se alquila   b) se alquilan

4. ... apartamentos de dos habitaciones y dos baños.

   a) Se vende   b) Se venden

5. ... muy bien en este lugar.

   a) Se vive   b) Se viven

9-6 ¿Qué se hace? Write what is normally done in the following places.

MODELO: En una librería *se compran libros*.

1. En la cocina _____

2. En el estadio _____

3. En la terraza _____

4. En una tienda _____

5. En el cine _____

6. En la playa _____

9-7 Los anuncios. You are an intern at the newspaper *El mundo* en Puerto Rico. Write a heading for each of these ads using **se.**

MODELO:

> CICO LTDA, alquilamos casa
> 3 dormitorios, garaje, teléfono,
> escritorio, jardín, tanque de agua
> US$ 1.200 Achumani 370151-374383

Se alquila una casa.

SEÑORA RESPONSABLE
Ofrece sus servicios para
vender terrenos, casas,
etc. T.325414

_____

CICO LTDA, vende oficina
52 mts. alfombrada, dividida
en 2 ambientes US$21.000
Av. Comacho. Telf. 370151-374383

_____

TECNICOS REPARAN
Refrigeradores - Congeladores
Conservadoras - Cocinas
Lavarropas
Secadoras - Calefones.
Tel.358643

_____

COMPUTADORA
De ocasión se vende computadora
compatible IBM marca Acer
500 plus con disco duro de
20 Mg, monitor monocromático.
Ref. Teléfono 794610

_____

LAVAMOS ALFOMBRAS
Plomeros, pintores, garantizados.
Telf. 390799-797112
Llámenos sin compromiso

_____

9-8 En mi casa. You are describing your family's habits in a general way to a friend. Write a paragraph using the impersonal form of the expressions from the box and any others you wish to add.

poner la televisión	almorzar	sacar la basura	ir al mercado
llamar al médico	lavar el auto	limpiar la casa	
ver una película	comprar el periódico	celebrar (fiestas)	

MODELO: *En mi casa se almuerza a las. . .*

_____

_____

_____

_____

_____

_____

_____

_____

More on the preterit and the imperfect

9-9 Cuando Josefina estudiaba en Málaga. Provide the imperfect or preterit form of the verbs in parentheses.

1. Cuando Josefina estudiaba en Málaga _____ (querer) ir a Sevilla,

    pero nunca _____ (poder) ir.

2. Josefina _____ (conocer) a Juan Manuel en 1985. Ella lo

    _____ (conocer) bien porque vivían en la misma residencia de estu-

    diantes en Málaga.

3. Josefina _____ (saber) la noticia del accidente de Juan Manuel cuando

    su hermana la _____ (llamar).

4. Josefina _____ (saber) la dirección del hospital porque

    _____ (tener) varios amigos de la universidad que

    _____ (trabajar) allí.

9-10 Un partido de fútbol. You and your friend went to a soccer game last Sunday. Describe what these people were doing when you arrived. Use the imperfect progressive in your desciptions.

MODELO: los jugadores / jugar
         Los jugadores estaban jugando.

1. los aficionados / cantar y aplaudir

    _____

2. el árbitro / hablar con un jugador

    _____

3. el entrenador / discutir con otro árbitro

    _____

4. las personas enfrente de ustedes / beber cerveza

    _____

5. mi amigo / ?

    _____

9-11 Entrevista. Answer these questions using the cues in parentheses and the preterit or imperfect accordingly.

1. ¿ Conocías a tu profesor/a de español el año pasado (Sí ...)

    _____

    ¿Cuándo y dónde lo/la conociste? (hace dos años/en el laboratotorio de lenguas)

    _____

2. ¿Sabías qué era una corrida de toros? (No ...)

    _____

    ¿Cuándo y dónde lo supiste ? (el verano pasado/fiesta de los Sanfermines)

    _____

3. ¿Querías hablar con el médico? (esta mañana)

_____

¿Pudiste? (No ...)

_____

Direct & indirect object pronouns

9-12 Las profesiones. What do these professionals do? Use direct and indirect object pronouns.

MODELO: El profesor les enseña las lecciones a los estudiantes.
El profesor se las enseña.

1. Los abogados les hacen preguntas a los criminales.

_____

2. El ama de casa prepara el desayuno para su familia.

_____

3. El vendedor les vende autos a los clientes.

_____

4. El bibliotecario organiza los libros para los estudiantes.

_____

5. Los periodistas les comunican las noticias al público.

_____

6. Los camareros les sirven la comida a los clientes.

_____

9-13 El generoso. Your brother David is very generous. In a full sentence, tell what he wants to give away and to whom. Then shorten your sentence by using the direct and indirect object pronouns.

MODELO: discos / María
    David quiere darle los discos a María.
    Se los quiere dar. o Quiere dárselos.

1. palos de golf / a nosotros

    _____

    _____

2. una mochila / a su hermano

    _____

    _____

3. un televisor / a ti

    _____

    _____

4. las entradas / a mí

    _____

    _____

5. gracias / al médico

    _____

    _____

9-14 ¿Qué me recomiendas? Your older brother is very knowledgeable. You want to know his opinion. Write down his recommendations and his reasons. Use the direct and indirect object pronouns.

MODELO: ¿Me recomiendas las playas del Caribe? (Sí) ¿Por qué?
        Sí, te las recomiendo porque son muy bonitas, el agua es limpia y no es fría.

1. ¿Me recomiendas a tu profesor/a de español? (Sí) ¿Por qué?

   _____

   _____

2. ¿Me recomiendas ese restaurante mexicano? (No) ¿Por qué?

   _____

   _____

3. ¿Me recomiendas los conciertos de Phil Collins? (Sí) ¿Por qué?

   _____

   _____

4. ¿Me recomiendas la profesión de abogado? (No) ¿Por qué?

   _____

   _____

5. ¿Me recomiendas los autos deportivos? (Sí) ¿Por qué?

   _____

   _____

Formal commands

9-15 ¿Qué es lógico? Read the following situations and circle the most logical command to complete each one.

1. Usted es un/a arquitecto/a que tiene que enviar un proyecto a casa de un cliente. Usted habla con el dibujante (*draftsman*) que está haciéndolo y le dice:

   a) Termine hoy.

   b) Compre la casa.

   c) No venga mañana.

2. Juan está en un desierto y tiene mucha sed. Ve a un hombre y le dice:

   a) Déme su camisa.

   b) Déme agua.

   c) Déme dinero.

3. Los hijos de su hermano están en la sala de su casa. Usted tiene unos objetos antiguos (*antique*) muy caros y los niños están corriendo en la sala. Usted les dice:

   a) Tomen el helado aquí.

   b) Cierren la puerta.

   c) No jueguen aquí.

4. Usted va a entrevistar a una persona que quiere trabajar en su compañía. Usted lo saluda y le dice:

   a) Abra la ventana.

   b) Siéntese, por favor.

   c) No trabaje más.

5. Su profesor de literatura da tarea todos los días. Al terminar la clase dice:

   a) Hagan la tarea.

   b) No hablen.

   c) Cambien los libros.

9-16 No corran en la casa. You are taking care of your neighbor's children. Tell them not to do these things.

MODELO: Ellos tocan la estufa.
         No toquen la estufa.

1. Ellos bañan al perro.

   _____

2. Ellos salen a la calle.

   _____

3. Ellos se acuestan en el sofá.

   _____

4. Ellos juegan con la computadora.

   _____

5. Ellos escriben en las paredes (*walls*).

   _____

9-17 Consejos *(Advice).* You are a doctor giving advice to a patient who had a heart attack. Using commands and these cues, prepare a list of things the patient should and should not do.

MODELO: caminar / hacer ejercicios
         Camine y haga ejercicios.

1. dormir / ocho horas

   _____

2. almorzar / frutas / vegetales

   _____

3. jugar / con sus nietos

   _____

4. no / trabajar / más de 6 horas diarias

   _____

5. seguir / dieta / todos los días

   _____

6. no comer / hamburguesas / papas fritas

   _____

9-18 ¿Qué hago? During a meeting your assistant asks you these questions. Answer them using affirmative commands and direct object pronouns when possible.

MODELO: ¿Traigo el teléfono?
　　　　Sí, tráigalo.

1. ¿Cierro la ventana?

　　_____

2. ¿Escribo los nombres de las personas?

　　_____

3. ¿Me siento aquí?

　　_____

4. ¿Le sirvo café?

　　_____

5. ¿Leo mis notas?

　　_____

9-19 Por favor ... While you and your family are on vacation, someone is going to house-sit for you. Your mother asks you to write a note telling the housesitter to: (a) open the windows in the morning; (b) buy the newspaper; (c) walk (**pasear**) the dog; (d) take the garbage out; (e) close the doors and windows at night.

1. _____

2. _____

3. _____

4. _____

5. _____

MOSAICOS

A leer

9-20 Buscando trabajo. If you were applying for your dream job, which of the following types of information would you include on your résumé? Place the following items in order of importance, **1** being the most important. In the final space include one additional piece of information.

_____ mi nacionalidad   _____ mi dirección de correo electrónico

_____ mi nombre   _____ mi salud (*health*)

_____ mi educación   _____ mi profesión

_____ mi edad   _____ mis pasatiempos preferidos

_____ mi sexo   _____ _____

9-21 Los anuncios. Read these ads and give the information requested regarding each one.

Vocabulario nuevo			
hoja de vida=currículum	devengado *earned*	salario=sueldo	capacitación *training*

> ### Secretaria ejecutiva
> **Importante empresa editorial** solicita secretaria ejecutiva, con experiencia mínima de 4 años con conocimientos en procesador de palabras. Indispensable excelentes relaciones interpersonales y presentación.
>
> Interesadas enviar hoja de vida al Anunciador 44 EL TIEMPO con foto reciente y último salario devengado.

Fill in the blanks based on the information provided in the ad.

Puesto _____

Experiencia _____

Cualidades importantes _____

Información que se debe mandar por correo _____

_____

Se debe enviar esta información a _____

Indicate whether each of the statements about the information given in the following ad is true or false by writing C (**cierto**) or F (**falso**) in the space provided.

SE SOLICITA PERSONAL
JÓVENES DE AMBOS SEXOS

REQUISITOS:
- Facilidad de palabra
- Buena presentación
- Disposición para curso de capacitación
- No requiere tiempo completo

INTERESADOS LLAMAR AL TEL. 3-23-44, CON EL PROF. CARBAJAL.

Horario de 9 a 13 hrs. y de 16 a 18 hrs.

---

1. _____ Los puestos son sólo para hombres.

2. _____ Las personas interesadas deben saber expresarse bien.

3. _____ Es necesario trabajar a tiempo completo.

4. _____ No importa la vestimenta de las personas.

5. _____ Las personas interesadas van a recibir entrenamiento.

6. _____ Los interesados pueden llamar a cualquier hora.

Fill in the blanks based on the information provided in the following ad.

Tienda de muebles, objetos de regalo y decoración necesita

VENDEDORA

Soltera, menos de cuarenta años, con experiencia en informes, buena presencia, preferible conocimiento idiomas. Enviar currículum vitae con fotografía a

Vallenti, S.A. Velázquez, 81.28006 Madrid

Puesto _____

Edad _____

Estado civil _____

Requisitos _____

Información que se debe mandar por correo _____

_____

Se debe mandar esta información a _____

A escribir

9-22 Mi profesión ideal. Imagine that you see an ad for a job that coincides perfectly with your skills and qualities. What does it look like? Create an ad for this "dream job" that includes the same kind of information as the ads shown in **Activity 9-21, Los anuncios.** Be sure to give the following information: **requisitos, cualidades, habilidades, descripción del puesto, dirección, teléfono, etc.**

9-23 Se necesita. You are an executive who needs a secretary. Make a list of the job requirements. You may consider information like experience, languages spoken, computer skills, words per minute, personality traits, etc.

1. _____

2. _____

3. _____

4. _____

5. _____

6. _____

9-24 Un anuncio. You decide to place an ad in the newspaper advertising an opening your firm has for a secretary. Use the information from the previous exercise to write it.

Lección 10
La comida y la nutrición

A PRIMERA VISTA

10-1 Asociaciones. Match the descriptions on the left with the words on the right.

1. Se usa para hacer hamburguesas.   _____ espinacas

2. Popeye es fuerte porque come este vegetal verde.   _____ pimienta

3. Se necesita esta fruta para hacer vino.   _____ uva

4. A Bugs Bunny le gustan mucho.   _____ carne molida

5. Se pone en la mesa con la sal.   _____ aguacate

6. Se usa para hacer guacamole.   _____ zanahorias

10-2 Los utensilios. What utensils are needed? Match the items in the left column with those in the right column.

1. bistec   _____ un plato

2. helado   _____ un cuchillo

3. vino   _____ un vaso

4. agua   _____ una cucharita

5. café   _____ una taza

6. comida   _____ una copa

10-3 Los ingredientes. Which ingredients are used to make these dishes and drinks? Give as much detail as possible.

1. Una ensalada de frutas: _____

     _____

2. Sopa: _____

     _____

3. Una hamburguesa: _____

     _____

4. Su sándwich favorito: _____

     _____

5. Una limonada: _____

_____

6. Un café: _____

_____

10-4 Una excursión divertida. You and some classmates are organizing a picnic for the weekend. Write sentences telling what each of you will contribute, using the items and verbs from the box. You may also think of your own words.

hamburguesas	cocinar	ensalada	helados	pan
cerveza	libros	frutas	comprar	preparar
refrescos	buscar	traer	música	pollo frito

1. _____

2. _____

3. _____

4. _____

5. _____

6. _____

10-5 Tus preferencias. Your new roomate wants to know what your food preferences are. Answer his/her questions giving as much detail as possible.

1. ¿Qué bebes cuando tienes sed?

_____

2. ¿Qué verduras compras regularmente?

_____

3. ¿Te gustan los mariscos? ¿Cuál es tu favorito?

_____

4. ¿Qué condimentos usas frecuentemente?

_____

5. ¿Qué se come en tu casa el día de Acción de Gracias?

EXPLICACIÓN Y EXPANSIÓN

Síntesis gramatical

1. Present subjunctive

yo	habl e	com a	viv a
tú	habl es	com as	viv as
Ud., él, ella	habl e	com a	viv a
nosotros/as	habl emos	com amos	viv amos
vosotros/as	habl éis	com áis	viv áis
Uds., ellos/as	habl en	com an	viv an

2. Informal commands

	PRESENT INDICATIVE	AFFIRMATIVE *TÚ* COMMAND
llamar:	llamas	llama
leer:	lees	lee
escribir:	escribes	escribe

	USTED COMMAND	NEGATIVE *TÚ* COMMAND
llamar:	llame	no llames
leer:	lea	no leas
escribir:	escriba	no escribas

Present subjunctive

10-6 Para completar. Choose the subjunctive phrase that completes each sentence.

1. Gabriel prefiere que ...

    a) comes en un restaurante.

    b) vayas al supermercado.

    c) compras un abrigo.

2. La profesora quiere que los estudiantes ...

    a) escuchan los casetes.

    b) practican los diálogos.

    c) hagan la tarea.

3. Queremos comer un plato que ...

    a) está en la bandeja.

    b) tenga mariscos.

    c) no tiene pimienta.

4. Samuel y tú necesitan que yo ...

    a) arregle el aire acondicionado.

    b) voy al correo.

    c) saco el libro de la biblioteca.

5. Mamá quiere que nosotros ...

    a) nos acostamos temprano.

    b) lavamos la ropa.

    c) saquemos la basura.

6. Es muy importante que tú ...

    a) almuerces todos los días.

    b) no gastas dinero.

    c) duermes ocho horas.

10-7 Cuidando a un perro. You are taking care of your neighbors' dog, Kiko, while they are on vacation. What do they want you to do? Use the subjunctive in your answers.

MODELO: comprarle comida
    Quieren que yo le compre comida.

1. darle comida dos veces al día

    _____

2. jugar con él todos los días

    _____

3. sacarlo a caminar

    _____

4. ponerle agua fresca por las mañanas

    _____

5. bañarlo el fin de semana

    _____

6. llevarlo al veterinario el martes

    _____

The subjunctive used to express wishes and hopes

10-8 No saben cocinar. Complete this conversation between Alfonso and his sister Julia about a dinner party that he and his wife Sofía are having. Use the appropriate forms of the verbs in parentheses.

JULIA: ¿Dices que es la primera vez que ustedes van a hacer arroz con pollo? ¡Y con

invitados! Espero que no (1) _____ (tener) problemas.

ALFONSO: Sí, yo espero que todo (2) _____ (salir) bien, pero tú sabes que

mi mujer no (3) _____ (cocinar) bien y yo mucho menos.

JULIA: Mamá dice que Uds. (4) _____ (usar) mucha cebolla y ajo.

Además, seguro que ella va a llegar temprano para ayudar a Sofía.

ALFONSO: Es importante que (5) _____ (llegar) temprano. Sofía quiere que

los Anderson (6) _____ (comer) un buen arroz con pollo.

JULIA: Mira, Alfonso, no te preocupes. Tú le pides a mamá que (7) _____

(ayudar) a Sofía y ella va a estar encantada. Así se siente útil.

ALFONSO: Y es importante que mamá (8) _____ (sentirse) útil.

JULIA: Llámala y te aseguro que estará aquí en quince minutos.

ALFONSO: Ahora lo voy a hacer.

10-9 Notas para los jugadores. You are the manager of a team and you leave brief notes to five of your players telling each one what he should do.

MODELO: quiero / practicar
          Quiero que practiques dos horas esta tarde.

1. espero / dormir

    _____

2. prefiero / hacer ejercicio

    _____

3. quiero / comer

    _____

4. necesito / venir

_____

5. espero / traer

_____

10-10 Esperamos que todo les guste. You and some classmates are preparing a lunch for the Spanish Club. Complete the following sentences about the students you have invited using **que** and a verb of your choice in the subjunctive. Give each sentence a logical ending.

MODELO: Esperamos *que les gusten estos platos.*

1. Deseamos _____.

2. Queremos _____.

3. Preferimos _____.

4. Les pedimos _____.

5. Necesitamos _____.

10-11 La disciplina es conveniente. You are in charge of student housing at a school in Ecuador. Write down the activities you allow students to do and those you prohibit. Also indicate any conditions, such as where they are allowed or prohibited. Use the list below or your own ideas.

comer	fumar *(to smoke)*	tomar bebidas alcohólicas
tener fiestas	hacer ruido	poner la televisión

MODELOS: bañarse
    Les permito que se bañen en la piscina de dos a seis.
    hacer ejercicio
    Les prohíbo que hagan ejercicio en los dormitorios.

1. _____

2. _____

3. _____

4. _____

5. _____

6. _____

Nombre: _____   Fecha: _____

The subjunctive with verbs and expressions of doubt

10-12 No, no lo creo. Express your disbelief about these generalizations, which appear in a paper written by one of your classmates.

MODELO: Todos los brasileños juegan muy bien al fútbol.
Yo no creo que todos los brasileños jueguen muy bien al fútbol.

1. Todos los argentinos comen carne dos veces al día.

   _____

2. Todos los niños de los Estados Unidos ven mucha televisión.

   _____

3. Todos los japoneses trabajan para Toyota.

   _____

4. Todos los mexicanos cantan y tocan la guitarra.

   _____

5. Todos los cubanos bailan el mambo muy bien.

   _____

10-13 Una carta de Carmen. Your new pen pal Carmen writes to you expressing her opinions about certain Spanish cities. Complete her descriptions using the correct forms of the verbs in parentheses.

Vocabulario nuevo		
extranjero *foreigner*	riqueza *wealth*	costumbre *custom*
caballo *horse*	inolvidable *unforgettable*	

Me llamo Carmen Rivas Salas y vivo en Málaga, una ciudad de Andalucía, en el

sur de España. Muchos extranjeros creen que la ciudad más interesante de España

(1) _____ (ser) Madrid, pero yo dudo que Madrid (2) _____ (tener)

tantas cosas interesantes como las ciudades del sur. Quizás los turistas (3) _____

(encontrar) más museos en la capital, pero estoy segura de que ellos (4) _____ (poder) ver ciudades más bonitas en Andalucía. Yo quiero que ustedes (5) _____ (ir) a Andalucía para ver la riqueza de la cultura árabe en España. No creo que

(6) _____ (existir) otro palacio como la Alhambra de Granada en el resto de Europa. Pienso que Sevilla (7) _____ (tener) los parques y monumentos más bonitos de España, y me alegro que todavía (8) _____ (existir) la costumbre de pasear en coches de caballos para ver la ciudad. Espero que tú (9) _____ (venir) a Andalucía algún día porque sé que (10) _____ (ir) a pasar unas vacaciones inolvidables.

10-14 Mi opinión. Give your opinions on the following topics. Begin your sentences with one of these expressions: **(no) creo, dudo, tal vez, quizá(s).**

MODELO: Es necesario estudiar todos los días.
Creo que es necesario estudiar todos los días. o
No creo que sea necesario estudiar todos los días.

1. Las películas de hoy tienen demasiada violencia.

   _____

2. Hay que complementar los estudios con el arte, los deportes y los pasatiempos.

   _____

3. Es importante enseñarles a los niños el peligro (*danger*) de las drogas.

   _____

4. Hay que dedicar más dinero para descubrir la cura para el cáncer.

   _____

5. Es necesario comer para vivir.

   _____

Informal commands

10-15 El ejercicio. You must explain what to do to someone who is just starting to exercise regularly. Choose the best response for each item.

1. El lugar

   a) Ve a la biblioteca.

   b) Ve al gimnasio.

   c) Ve al baño.

2. Antes de hacer ejercicio

   a) Come bastante.

   b) Nada en la piscina.

   c) Haz movimientos de calentamiento (*warm up*).

3. Para evitar accidentes

   a) Habla durante los ejercicios.

   b) Practica movimientos fáciles al principio.

   c) No practiques con un/a compañero/a.

4. Los ejercicios

   a) Haz ejercicios difíciles la primera vez.

   b) Haz ejercicios intensos.

   c) Haz cada movimiento diez veces por lo menos.

5. El tiempo

   a) No practiques demasiado la primera vez.

   b) Haz los ejercicios rápido.

   c) Lleva tu reloj para ver la hora.

10-16 El pollo frito. Your mother wants you to learn how to fry chicken. Write what she tells you to do by changing the italized words to familiar commands. Use the direct object pronouns in your answers.

MODELO: *Se saca* el pollo del refrigerador.
         Sácalo del refrigerador.

1. *Se lava* el pollo y *se sazona* con sal y pimienta.

   _____

2. *Se calienta* el aceite.

   _____

3. *Se pone* el pollo en el aceite caliente y *se fríe* por diez minutos.

_____

4. *Se saca* el pollo del aceite y *se pone* en un plato con una servilleta.

_____

5. Se sirve el pollo caliente.

_____

10-17 Contradicciones. Paquito's older sister is always telling him what to do before he leaves for school. Change her commands to the negative form and make any necessary changes.

1. Vístete rápido.

_____

2. Come el cereal.

_____

3. Añádele leche fría.

_____

4. Ponle mantequilla al pan.

_____

5. Lávate los dientes después.

_____

10-18 La primera cita (*date*). Tonight is your best friend's first date with a new love interest. Use four affirmative and four negative commands to give your friend advice.

MODELOS: *Habla de cosas interesantes.*
        No llegues tarde.

Lo que debe hacer:

1. _____

2. _____

3. _____

4. _____

Lo que no deber hacer:

1. _____

2. _____

3. _____

4. _____

MOSAICOS

A leer

10-19 Una dieta sana. A friend who is addicted to junk food has decided to change his/her ways. He/She asks your advice regarding a more balanced diet. Give an example of each of the following food groups and specify either how he/she should prepare the food or how much he/she should eat.

1. Productos lácteos _____

2. Pan y cereales _____

3. Frutas _____

4. Verduras _____

5. Carne y pescado _____

10-20 Crema de espinacas. You have asked your grandmother for her secret recipe for creamed spinach. She sends you the following article with two versions of the recipe, one traditional, the other for the microwave.

Vocabulario nuevo			
adornar *to garnish*	**escurrir** *to drain*	**sazonar** *to season*	**sartén** *frying pan*
cacerola *pan*	**hornear** *to bake*	**congelados** *frozen*	**desarrollo** *development*
sabor *flavor*	**cocinar**	**salar = poner sal**	**tallos y raíces** *stems and roots*

After reading the article and the recipes, agree or disagree with the following statements by putting an **X** in the appropriate column.

	Sí	*No*	
1.	_____	_____	Una dieta sana incluye vegetales.
2.	_____	_____	Las verduras tienen una gran cantidad de fibra.
3.	_____	_____	Las espinacas contienen pocas vitaminas.
4.	_____	_____	Las espinacas sólo se cultivan en el verano.
5.	_____	_____	Las espinacas son muy caras.
6.	_____	_____	Hay muchas formas de preparar las espinacas.

Ingredientes para 6 personas

2 kg. de espinacas frescas
25 g. de mantequilla
2 cucharadas de aceite fino
40 g. de harina
2 vasos de leche fría y sal
Para adornar: tres rebanadas
de pan de molde cortadas en
triángulo y fritas y dos huevos
duros.

Una dieta no se considera equilibrada si se prescinde de los vegetales. La verdura, rica en fibra, facilita la digestión y la eliminación de sustancias poco útiles para nuestro organismo.

Las espinacas poseen un alto contenido en hierro y vitaminas A y D, por lo que se consideran imprescindibles para contribuir al desarrollo óptimo de los niños. Por otra parte, cuentan con la ventaja de estar en el mercado en cualquier época del año y, lo que es más importante, a precios razonables.

Desde rehogadas con aceite y vinagre, hasta convertidas en budín, existen múltiples formas de cocinarlas.

En esta ocasión, vamos a preparar una nutritiva crema de espinacas, cuyo contraste de sabor, entre la verdura y una fina salsa blanca resulta particularmente agradable.

Antes de cocinar las espinacas hay que quitarles los tallos y las raíces y lavarlas en abundante agua fría. Se cocinan en una cacerola con agua y sal durante unos 20 ó 25 minutos. Una vez cocidas, escurrir y picar menudas.

Para preparar la salsa blanca se pone a derretir la mantequilla y el aceite en una sartén. A continuación se añade la harina y, poco a poco, la leche fría sin dejar de revolver. Se cocina unos ocho minutos y se sala ligeramente. Finalmente, se añaden las espinacas. Se revuelve todo bien y se pone en una fuente.

Se puede poner algo menos de leche si se prefiere una crema más espesa o más si gusta más líquida.

PREPARACION EN MICROONDAS

Hornee en un bol, durante 10 ó 15 minutos y al 100 por 100 (alto), los paquetes de espinacas congeladas, haciendo previamente un agujero en las bolsas. Sacúdalos, una o dos veces, y escurra bien las espinacas.

En un bol grande hornee la mantequilla y el aceite, al 100 por 100 (alto), durante un minuto. A continuación incorpore la harina y, finalmente, añada la leche. Revuelva la mezcla hasta que adquiera una consistencia uniforme. Después, añada las espinacas y hornee la preparación al 100 por 100 (alto) durante 12 ó 15 minutos, hasta que la crema espese. Una vez lista, sazónela y adórnela antes de servir.

Now complete this chart based on the two versions of the recipe for **crema de espinacas**.

Recetas	Ingredientes	Utensilios	Tiempo
Tradicional			
En microondas			

10-21 Eres lo que comes. The friend who asked your advice regarding **una dieta sana** has been unable to maintain the diet. Finally, he/she decides to visit a nutritionist who gives him/her strict orders about what he/she can and cannot eat. Give five specific instructions that the nutritionist writes down for your friend. You may use verbs like: **desear, pedir, preferir, etc.** Do not repeat verbs.

1. _____

2. _____

3. _____

4. _____

5. _____

A escribir

10-22 Una receta (*A recipe*). A friend has asked you to write your favorite recipe in Spanish (ingredients and cooking instructions). When writing recipes in Spanish you may use commands in the **tú** or **Ud.** form (e.g., **cocina** or **cocine el arroz**), or a **se** + verb construction (**se cocina el arroz**), but you must be consistent in your choice.

_____

_____

_____

_____

_____

_____

_____

_____

_____

_____

10-23 Consejos *(Advice)*. Your cousin Bernardo likes one of his co-workers very much and wants to ask her out to dinner. He wants you to help him plan a perfect night. Write him a letter giving him advice.

a) Suggest that he ask her to dinner at his home and that he cook for her.

b) Suggest that he cook your favorite recipe (from the previous exercise).

c) Tell him what you hope he will/will not do.

d) Talk about what you think or do not think he should do, or what you doubt or do not doubt he will do.

e) Make sure he knows what is really important or necessary on a date. You may need to use some of the phrases in the box.

Te sugiero que ...	Te recomiendo que ...	Te aconsejo que ...	Ojalá qque ...
Es importante que ...	Esperar que ...	Necesitar que ...	(No)Creer que ...
(No)Dudar que ...	Querer que ...	Tal vez ...	

_____

_____

_____

_____

_____

_____

_____

_____

_____

_____

_____

_____

_____

_____

_____

10-24 La carta de Jazmín. Jazmín, a Cuban-American student, wrote this letter to her cousin in Caracas. Play the part of the cousin and answer it.

Querida/o prima/o:

No sabes cuánto siento que no puedas venir a visitarnos en agosto, pero no te imaginas la sorpresa que te tengo. Papá me va a dejar ir a Venezuela a pasar unos días con ustedes. Todavía no lo puedo creer. Espero que esta noticia te alegre tanto como a mí.

Dime en qué mes del verano les conviene más mi viaje.

Prefiero que no les digas a mis amigos que yo voy, pues yo quiero darles la sorpresa, pero a Arturo sí quiero que lo llames y le digas cuándo llego. Espero que no tenga novia.

Tengo tantas ganas de verlos que estoy contando los días. Además quiero hacer muchas cosas en Caracas, como ir a la playa, conocer las nuevas estaciones del metro (todo el mundo dice que son bellísimas), pero más que nada quiero estar con ustedes.

Perdona la letra, pero estoy escribiendo muy rápido. Ya es casi la hora de mi clase de química y no quiero llegar tarde.

Hasta muy pronto. Te quiere tu prima,
Jazmín

In your answer you should mention at least the following: a) how happy you are about her trip, b) the month that you prefer that she visit you, and c) some of the activities you are planning for her stay.

_____

_____

_____

_____

_____

_____

_____

_____

_____

_____

Lección 11
La salud y los médicos

A PRIMERA VISTA

11-1 El cuerpo humano. While studying for an anatomy class, you decide to classify parts of the body into three categories: head, trunk, and extremities. Complete the chart with the words in the box.

cintura	nariz	hombro	brazo	pie
rodilla	pierna	ceja	mano	muñeca
cadera	cuello	tobillo	boca	ojo
oreja	dedo	pelo	frente	espalda

Cabeza	Tronco	Extremidades

11-2 ¿Qué es? Read each statement and then write the part of the body described.

1. Mueve la sangre por el cuerpo. _____

2. Digiere la comida. _____

3. Nos permite escuchar la música. _____

4. Es el líquido rojo esencial para vivir. _____

5. Los necesitamos para respirar.   _____

6. Sostiene *(holds)* la cabeza.   _____

7. Conecta la mano con el brazo.   _____

8. Es una articulación *(joint)* en el brazo.   _____

9. Es una articulación en la pierna.   _____

10. Podemos ver con estos órganos.   _____

11-3 En la consulta del médico. Complete the chart by filling in one symptom and remedy for each illness.

Enfermedad	Síntoma	Remedio
Laringitis		
Osteoporosis		
Indigestión		
Anemia		
Tensión arterial		

11-4 Las recetas del médico. Read the following problems, and then prescribe a remedy or medication for your patients. Write your instructions in the forms below. Use formal commands and/or the subjunctive when possible.

1. El paciente tiene una infección en la garganta.

```
┌──────────────────────────────────────────────────────┐
│                  Dr. _____   │
│  Nombre _____ Fecha _____  │
│  Dirección _____ │
│  Instrucciones:                                        │
│                                                        │
│                                                        │
│                  Firma _____   │
└──────────────────────────────────────────────────────┘
```

2. La paciente tiene un dolor de cabeza muy fuerte y es alérgica a las aspirinas.

```
┌──────────────────────────────────────────────────────┐
│                  Dr. _____   │
│  Nombre _____ Fecha _____  │
│  Dirección _____ │
│  Instrucciones:                                        │
│                                                        │
│                                                        │
│                  Firma _____   │
└──────────────────────────────────────────────────────┘
```

3. El paciente está bajo mucha presión en el trabajo y no puede dormir ni comer bien.

Dr. _____

Nombre _____ Fecha _____

Dirección _____

Instrucciones:

Firma _____

4. La paciente tiene gripe y está tosiendo mucho.

Dr. _____

Nombre _____ Fecha _____

Dirección _____

Instrucciones:

Firma _____

11-5 Preguntas personales. Answer these questions about your health.

1. ¿Tiene usted buena o mala salud?

   _____

2. ¿Con qué frecuencia ve usted al médico?

   _____

3. ¿Fuma usted? ¿Quiere dejar de *(stop)* fumar?

   _____

4. ¿Tiene alergias? ¿A qué es alérgico/a?

   _____

5. ¿Qué come usted para mantenerse sano *(healthy)*?

   _____

6. ¿Qué hace usted para estar en buenas condiciones físicas?

   _____

EXPLICACIÓN Y EXPANSIÓN

Síntesis gramatical

1. The subjunctive with expressions of emotion

   Me alegro de que **estés** aquí.   *I'm happy you're here.*
   ¡Qué lástima que no **puedas** ir!   *What a shame you can't go!*

2. Indirect commands

   Que + él/ella subjunctive form.   **Que vaya Pedro.**   *Let Pedro go.*
   Que + ellos/ellas subjunctive form.   **Que vayan ellos/ellas.**   *Let them go.*

3. The equivalents of English *let's*

___

Vamos/No vayamos + a + *infinitive*
Nosotros form of subjunctive: **Hablemos.**   *Let's talk.*

4. *Por* and *para*

___

	por	**para**
MOVEMENT	through or by	toward
TIME	duration	deadline
ACTION	reason/motive	for whom

5. Additional uses of *por* and *para*

___

por:
- exchange/substitution
- unit/rate
- means of transportation
- object of an errand

para:
- judgement
- intention/purpose with infinitive

6. Relative pronouns

___

que   persons or things
quien(es)   persons only

The subjunctive with expressions of emotion

11-6 Opiniones de mi madre. You are at Estela's home and hear this conversation between her and her mother. Fill in the blanks using the infinitive, subjunctive, or indicative forms of the verbs in the box.

terminar	bailar	pensar	salir
estar	tener	ser	ir

– Mamá, José quiere que (1) _____ a la discoteca con él el sábado.

– ¡Qué bueno, Estela! Me alegro que (2) _____ con él y no con Rolando.

– ¿Por qué, mamá? Rolando es un chico muy bueno.

– Sí, sí, yo sé que (3) _____ un chico bueno y reponsable, pero tú eres

mayor que él.

– ¡Ay, mamá, estás muy anticuada (*old-fashioned*)! Además, por el momento, me encanta

(4) _____ soltera.

– ¡Perfecto! Es mejor que (5) _____ tus estudios antes de casarte.

– Sí, mamá, no te preocupes. Siento que tú y papá no (6) _____ más

paciencia y (7) _____ tanto en mi futuro.

– Bien, Estela. ¡Ojalá que (8) _____ mucho con José esta noche!

11-7 En las montañas. You have invited a friend to spend a week with you and your family in the mountains. Tell your friend what your father likes and dislikes about what you and your friends normally do. Write sentences according to the model.

MODELO: le / molestar / fumar
        Le molesta que fumemos.

1. le / gustar / caminar / mucho

   _____

2. temer / hablar / desconocidos (*strangers*)

   _____

3. le / encantar / cantar / y / bailar / con / familia

_____

4. le / molestar / hacer / muchas llamadas / teléfono

_____

5. alegrarse de / preparar / cena cubana

_____

11-8 Las emociones. Silvia's mother is very emotional. Describe what she says about these people by combining one item from each column.

MODELO: *Ileana se alegra de que nosotros estemos a dieta.*

a	b	c	d
Dorotea	alegrarse de	mis hijas	sangrar por la nariz
mis padres	encantar	mi hermana	ir al médico
tú	sentir	mi abuelo	estar en el hospital
yo	molestar	tú	fracturarse la pierna
Ileana	gustar	nosotros	hacer ejercicio
	temer	yo	estar a dieta
			salir del hospital
			gastar mucho dinero

1. _____

2. _____

3. _____

4. _____

5. _____

6. _____

Indirect commands

11-9 Las órdenes de mis padres. Your parents are going out tonight. Tell us what they want your brothers to do.

MODELO: los gemelos: lavarse los dientes
Que se laven los dientes.

1. Los gemelos:

   bañarse a las 8:00 p.m.   _____

   acostarse antes de las 9:00p.m.   _____

2. Valeria:

   no hablar por teléfono   _____

   tomar la medicina   _____

3. Luis:

   hacer la tarea   _____

   no mirar televisión   _____

11-10 Sugerencias. You are trying to help your family and friends to solve their problems. What do you suggest they do?

MODELO: Dora tiene diarrea.
Que tome mucho líquido.

1. Tu amigo sacó una D en el examen.

   _____

2. Tu abuelo tiene fiebre muy alta.

   _____

3. Tu prima está muy gorda.

   _____

4. Cecilia está cansada.

_____

5. A tu amigo le gusta tu hermana.

_____

11-11 El antipático. Your neighbor is very sarcastic. Write his replies to these requests. Use the direct object pronoun.

MODELO: Levanta la mesa (Supermán)
   Que la levante Supermán.

1. Haz ejercicios. (Richard Simmons)

_____

2. Juega basquetbol. (Michael Jordan)

_____

3. Come las espinacas. (Popeye)

_____

4. Compra un impermeable. (Columbo)

_____

5. Arregla el lavaplatos. (Tim Allen)

_____

The equivalents of English *let's*

11-12 El primer año en la universidad. You and your friend have just rented an apartment and are deciding what your schedule will be this first year as roommates. Choose what you will do from the options given.

MODELO: ¿Vamos a sacar la basura por la mañana o por la noche?
Saquemos la basura por la mañana.

1. ¿Vamos a desayunar en el apartamento o en la cafetería?

   _____

2. ¿Vamos a limpiar el apartamento los viernes o los sábados?

   _____

3. ¿Vamos a lavar la ropa por la tarde o por la noche?

   _____

4. ¿Vamos a salir a comer una vez o dos veces por semana?

   _____

5. ¿Vamos a levantarnos a las 7:00 o las 8:00?

   _____

6. ¿Vamos a acostarnos antes o después de la medianoche?

   _____

11-13 El apartamento. Use some of the following verbs to say what you and your room-mate plan to do to fix up your apartment.

MODELO: empezar
Empecemos con el baño.

limpiar	sacar	traer	poner	decorar
vender	abrir	comprar	pintar *(to paint)*	mover

1. _____

2. _____

3. _____

4. _____

5. _____

Por and *para*

11-14 ¿Cambiamos? At a garage sale you decide that rather than offering to buy items, you would prefer to trade. Ask the sellers if they will trade the items you want for what you have to offer.

MODELO: una bicicleta / el estéreo
   Te cambio mi bicicleta por tu estéreo.

Lo que venden en el garaje	**Lo que Ud. tiene**
una chaqueta	una mochila
un diccionario	una silla
una máquina de escribir	un televisor
una guitarra	una lámpara
una grabadora	un reloj

1. _____

2. _____

3. _____

4. _____

5. _____

11-15 ¿Por o para? Complete these sentences with **por** or **para** as appropriate.

1. La aspirinas eran (por, para) el dolor de cabeza.

2. El auto era muy grande (por, para) nuestro garaje.

3. Elba fue a la farmacia (por, para) la receta.

4. (Por, Para) ser extranjero, habló español muy bien.

5. Pagué $15.00 (por, para) el paraguas que compré (por, para) mi esposo/a.

6. Fuimos a la República Dominicana (por, para) avión.

11-16 Un viaje a México. Fill in the blanks with **por** or **para** depending on the context.

Mi esposa Elena y yo salimos (1) _____ México el lunes. Vamos

(2) _____ avión y debemos llegar a México (3) _____ la tarde. Vamos

a estar en el avión cuatro horas, lo que me parece un viaje muy largo

(4) _____ ir a un país vecino. Pero el avión va a seiscientas millas

(5) _____ hora porque no hay vuelos supersónicos entre Estados Unidos y

México. Realmente no tenemos el dinero (6) _____ hacer el viaje, pero lo

vamos a hacer (7) _____ Elena. Ella es mexicana y no ha visto a su familia

(8) _____ más de cinco años. Ella tiene muchos regalos

(9) _____ sus padres y hermanos y (10) _____ eso hay que

llevar muchas maletas. En México quiero ir primero al Museo de Antropología

(11) _____ ver las esculturas y las obras artísticas de las culturas precolombi-

nas. Después voy a caminar (12) _____ la Zona Rosa, una sección muy elegante

de la ciudad. Va a ser un viaje muy interesante, pero tengo que volver

(13) _____ el día 25 porque tengo que terminar un proyecto muy importante

en el trabajo.

11-17 Información personal. Answer these personal questions using **por** and **para**.

1. ¿Cuántas veces por año va Ud. al médico?

    _____

2. ¿Prefiere hacer ejercicio por la mañana o por la noche?

    _____

3. ¿Cuánto dinero pagó por sus libros?

    _____

4. ¿Para qué va al supermercado?

    _____

5. ¿Para quién es la botella de vino?

    _____

Relative pronouns

11-18 Autorretrato (*Self-portrait*). Complete the following statements about different aspects of your life.

MODELO: Soy una persona que *piensa mucho las cosas.*

1. Soy de una familia que _____.

2. Vivo en una ciudad que _____.

3. Prefiero las ciudades que _____.

4. Soy un/a estudiante a quien _____.

5. Respeto a las personas que _____.

6. Me gusta mucho la comida que _____.

Nombre: _____   Fecha: _____

11-19 Después de la crisis. You are in the hospital recovering from an operation. As you walk along the hallway with your friends, you point out the different people you have met during your stay. Fill in the blanks with the appropriate pronoun: **que, quien,** or **quienes.**

1. La señorita _____ está allí es mi enfermera.

2. Ese señor alto y rubio a _____ ven hablando con aquella señora es mi médico.

3. Esas señoras a _____ les están dando unos papeles trabajan de voluntarias en este piso.

4. El otro doctor _____ está con la enfermera es muy amigo de mi padre.

5. Ahora conozco a casi todas las personas _____ trabajan en este piso.

11-20 Preferencias personales. A friend has described different people to you as potential dates. Indicate which one you prefer using **que** or **quien.**

MODELO: alto/a y serio/a   bajo/a y simpático/a
Prefiero salir con el chico que es bajo y simpático (con la chica que es baja y simpática).

1. simpático/a y no tiene dinero   antipático/a y tiene mucho dinero

_____

2. le gusta bailar y viajar   le gusta cantar y tocar la guitarra

_____

3. intelectual pero sin sentido del humor   normal pero con un buen sentido del humor

_____

4. le interesan los autos y los deportes   le interesan los animales y el campo

_____

Lección 11   La salud y los médicos   WB191

Mosaicos

A leer

11-21 El menú más sano. For each pair of foods mentioned indicate which is healthier by marking an **X** in the space provided.

1. _____ el pan blanco   _____ el pan integral

2. _____ el pescado frito   _____ el pescado ahumado

3. _____ la mostaza   _____ la mayonesa

4. _____ un dulce   _____ una naranja

5. _____ la mantequilla   _____ la margarina

6. _____ el yogur   _____ el helado

11-22 Prevenir el ataque. Read the article on how to stay healthy and answer the questions that follow.

Vocabulario nuevo			
alcanzar *to attain*	conejo *rabbit*	(carne de) buey *ox*	ternera *veal*
riesgo *risk*	piel *skin*	soja *soy*	sesos *brains*
yema *yoke*	cordero *lamb*	charcutería *cold cuts*	pepitas de uva *grape seeds*

Prevenir el ataque

Para alcanzar una vida más larga deben limitarse ciertos vicios y deben comerse alimentos más sanos.

1. Evitar el tabaco. Éste aumenta el ritmo cardiaco en veinte pulsaciones por minuto. El riesgo sigue presente en exfumadores durante los primeros cinco años.

2. El *colesterol*, que se encuentra en las grasas de origen animal, es otro importante factor. Cremas, charcutería, carnes en salsas, sesos, mantequilla. Las carnes con más materia grasa se presentan en este orden: cerdo y cordero (20 por ciento), buey (dos a diez por ciento), ternera (dos a diez por ciento), conejo (cinco a diez por ciento) y las aves sin piel (no más de dos a ocho por ciento). Tambien hay que reducir los aceites o sustituir los comunes por los de pepitas de uva, soja, o maíz.

Comer pescado, verduras y frutas es lo recomendado, porque no perjudican las arterias. No es bueno abusar de los huevos, ya que la yema tiene un alto porcentaje de colesterol. Hoy también se dispone de medicamentos eficaces capaces de combatir el colesterol maligno, entre ellos, al parecer, la aspirina.

3. Controlar el peso, ya que la sobrecarga obliga al corazón a trabajar mas. Para ello, nada como el deporte, que las personas sedentarias deben practicar progresivamente. Aventurarse a un duro partido de tenis, por ejemplo, puede tener efectos peligrosos. La *hipertensión* conduce a que el corazón efectúe un doble trabajo. Evitando la sal en las comidas y el alcohol, así como el estrés, se pueden conseguir buenos resultados.

Indicate whether each of the following statements about the article is true or false by writing C (**cierto**) or F (**falso**) in the space provided. If a sentence is false, write a corrected statement in the space provided.

1. _____ El ritmo del corazón se acelera cuando una persona fuma.

_____

2. _____ Las carnes con menos colesterol son la de ternera y la de ave sin piel.

_____

3. _____ La aspirina puede ser eficaz contra el colesterol.

_____

4. _____ La yema es la parte más saludable del huevo.

_____

5. _____ La práctica de los deportes ayuda a evitar los ataques al corazón.

_____

11-23 Para completar. Using the information from the article, circle the statement that best completes each of the following sentences.

1. Si una persona fuma, el. . .

    a. riesgo de un ataque es menor.

    b. corazón palpita más rápido.

    c. riesgo de un ataque es seguro durante cinco años.

2. Entre las comidas que más se recomiendan está. . .

    a. el pescado.

    b. el huevo.

    c. el cerdo.

3. Ahora se dice que la aspirina es buena para. . .

    a. controlar el apetito.

    b. bajar de peso.

    c. combatir el colesterol.

4. Para bajar la tensión arterial es bueno. . .

    a. comer más sal.

    b. evitar el estrés.

    c. tomar bebidas alcohólicas una vez al día.

11-24 Ud. es médico. Your patient complains of exhaustion, chest pains, a rapid heart beat, and shortness of breath. Keep in mind that this patient smokes one pack of cigarettes per day, and eats bacon and eggs each morning. Design **el mejor remedio** for this patient using phrases like: **es evidente que. . ., es importante que. . ., es dudoso que. . ., es imprescindible que. . ., (no) es bueno que. . .,** etc.

_____

_____

_____

_____

_____

_____

A escribir

11-25 Nutrición. Read this article about the importance of a good diet during childhood and answer the questions that follow.

NUTRICIÓN

Un niño obeso tiene más probabilidades de ser un adulto obeso. Sin necesidad de ponerlo a dieta ni de imponerle normas estrictas, corrija su alimentación disminuyendo el consumo de azúcares y de grasas.

• En lugar de comprar yogures con sabores o con frutas, que contienen una mayor cantidad de azúcar, elija los naturales y añádales trozos de frutas frescas de la temporada.

• No abuse de las papas fritas ni de las frituras. En su lugar, acostumbre al niño a picar fruta o vegetales.

• Si le encantan los helados, en lugar de comprarlos, hágalos usted misma en casa, utilizando leche o jugos y frutas frescas. De esta forma, controlará la calidad de lo que come.

• Si no le gusta la leche, trate de incorporarla en las salsas, las pastas, los purés y en cualquier plato que lo permita, para que este alimento no falte en su nutrición.

---

1. ¿Por qué es malo que los niños sean obesos?

   _____

   _____

   _____

2. ¿Cómo se puede ayudar a un niño obeso a bajar de peso?

   _____

   _____

   _____

3. ¿Por qué los niños no deben comer muchas comidas o bocadillos *(snacks)* fritos?

   _____

   _____

   _____

4. ¿Por qué es mejor comer comidas y postres preparados en la casa?

_____

_____

_____

5. Si al niño no le gusta un alimento nutritivo (por ejemplo, la leche), ¿qué se puede hacer para que lo consuma?

_____

_____

_____

11-26 Manos a la obra. You work for the Health Department and you have to give a speech to a group of mothers about the role nutrition plays in the health of children. To prepare your speech: a) read the article from the previous exercise again, b) find the main idea and the subtopics, c) summarize the information in the article, d) add two subtopics of your own that you could use in giving advice to the mothers, and d) write your speech. You may use the expressions in the box.

Para evitar. . . *(to avoid)*	Con tal de no. . . *(as long as (you) do not)*
Asegúrese de que. . . *(make sure that)*	Es importante/necesario que. . .
Espero que. . .	

_____

_____

_____

_____

_____

_____

_____

_____

Lección 12
Las vacaciones y los viajes

A PRIMERA VISTA

12-1 Asociaciones. Match the phrases in the left column with the words in the right column.

1. para poner la ropa

2. para viajar en la ciudad

3. para descansar o leer, en una estación o un aeropuerto

4. para viajar en el mar

5. para viajar por el aire

_____ el avión

_____ la sala de espera

_____ la maleta

_____ el autobús

_____ el barco

12-2 Definiciones y los viajes. Read each definition and identify what is being described.

1. Documento que una persona recibe en su país para poder viajar a otros países. _____

2. Tarjeta que se necesita para abordar un avión. _____

3. Documentos que las personas compran en un banco para usar como dinero cuando viajan. _____

4. Lugar donde las personas que vienen de otros países declaran lo que traen. _____

5. Tipo de boleto que se necesita para viajar a un país y regresar al punto de partida. _____

12-3 Un viaje en auto. Complete the following paragraph about a car trip.

Luis Trelles tiene que hacer un viaje de negocios y decide ir en coche. El día de la salida

pone las maletas en el (1) _____ . Después se monta en el coche, se sienta

frente al (2) _____, se pone el (3) _____ y enciende (*he starts*) el

(4) _____. No puede ver bien porque el (5) _____ está sucio, así que

lo limpia antes de salir a la carretera. Después de salir de la ciudad, Luis para en una

estación de servicio para ponerle agua al (6) _____, aire a las (7) _____ y

(8) _____ al coche.

12-4 Preparación. Your family is driving through different states during the summer. Tell your father what you did to the car in preparation for the trip. Use the preterit in your answers.

1. lavar / coche

   _____

2. pasar / aspiradora / las alfombras

   _____

3. limpiar / baúl

   _____

4. cambiar / aceite

   _____

5. poner / aire / llantas

   _____

6. llenar / tanque de gasolina

   _____

Nombre: _____   Fecha: _____

12-5 En el hotel. Read the following definitions and write the words they describe.

1. Un cuarto para una persona.   _____

2. Lugar adonde el cliente va cuando
   llega al hotel para pedir información.   _____

3. Objeto que se necesita para llevar la
   ropa cuando una persona va de viaje.   _____

4. Documento que necesitamos para
   viajar al extranjero.   _____

5. Acción de pedir una habitación a un
   hotel por teléfono.   _____

12-6 Iris y su novio. You are writing to a friend about Iris and her fiancé. Complete the sentences with the appropriate words.

El novio de Iris está en la Universidad de Guadalajara y los dos hablan por

(1) _____ frecuentemente. Hoy Iris le escribió una (2) _____ a su

novio. Cuando la terminó, escribió la dirección en el (3) _____ y fue al

(4) _____ para comprar (5) _____. Después la echó (*put*) en el

(6) _____.

EXPLICACIÓN Y EXPANSIÓN

Síntesis gramatical

1. Indicative and subjunctive in adjective clauses

Indicative (known antecedent)

Hay alguien aquí que **habla** ruso.	*There's someone here who speaks Russian.*
Busco a la auxiliar que **va** en ese vuelo.	*I'm looking for the flight attendant who goes on that flight.*

Subjunctive (non-existent or unknown antecedent)

No hay nadie aquí que **hable** ruso.	*There isn't anyone here who speaks Russian.*
Busco una auxiliar que **vaya** en ese vuelo.	*I'm looking for a flight attendant who goes on that flight.*

2. Affirmative and negative expressions

AFFIRMATIVE		NEGATIVE	
todo	*everything*	**nada**	*nothing*
algo	*something, anything*		
todos	*everybody, all*		
alguien	*someone, anyone, somebody*	**nadie**	*no one, nobody*
algún, alguno	*some, several,*	**ningún, ninguno (-a)**	*no, not any, none*
(-a, -os, -as)	*any, someone*		
o. . .o	*either . . . or*	**ni. . .ni**	*neither . . . nor*
siempre	*always*	**nunca**	*never, (not) ever*
una vez	*once*		
alguna vez	*sometime, ever*		
algunas veces	*sometimes*		
a veces	*at times*		
también	*also, too*	**tampoco**	*neither, not*

3. Stressed possessive adjectives

MASCULINE	FEMININE	MASCULINE	FEMININE	
mío	mía	míos	mías	*my, (of) mine*
tuyo	tuya	tuyos	tuyas	*your (familiar), (of) yours*
suyo	suya	suyos	suyas	*your (formal), his, her, its, their, (of) yours, his, hers, theirs*
nuestro	nuestra	nuestros	nuestras	*our, (of) ours*
vuestro	vuestra	vuestros	vuestras	*your (fam.), (of) yours*

4. Possessive pronouns

Adjective	¿Tienes la mochila **suya**?
Pronoun	Sí, tengo **la suya.**

5. The future tense

	hablar	**comer**	**vivir**
yo	hablaré	comeré	viviré
tú	hablarás	comerás	vivirás
Ud., él, ella	hablará	comerá	vivirá
nosotros/as	hablaremos	comeremos	viviremos
vosotros/as	hablaréis	comeréis	viviréis
Uds., ellos/as	hablarán	comerán	vivirán

Indicative and subjunctive in adjective clauses

12-7 Un apartamento en la costa. Mr. and Mrs. Molina are looking for an apartment and like those described in the ad below. Based on the information in the ad, write five sentences describing what they are looking for.

> **Vocabulario nuevo**
> **alcoba** dormitorio
> **tina** bañadera
> **zona de labores** *workroom*
> **antena parabólica** *satellite dish*

MODELO: *Buscan un apartamento que tenga una gran terraza.*

1. _____
   _____
   _____

2. _____
   _____
   _____

3. _____
   _____
   _____

4. _____
   _____
   _____

5. _____
   _____
   _____

EDIFICIO COSTA del Sol

EL MAR CARIBE A SUS PIES

En el sector más tranquilo y apacible de El Rodadero

Usted podrá escoger entre dos tipos de apartamento:

TIPO A: 147 M2
• Sala • Comedor • Gran terraza social • Tres alcobas • Baño auxiliar • Baño principal con Walking closet y Tina • Closet de linos • Cocina integral • Zona de labores • Alcoba y Baño de servicio

TIPO B: 98 M2
• Sala • Comedor • Gran terraza social • Dos Alcobas • Baño • Cocina integral • Zona de labores • Alcoba y Baño de servicio • *Opcional:* Cambio de alcoba de servicio por baño adicional

ZONA COMUN
• Piscina • Gimnasio • Baño turco • Planta eléctrica de emergencia para la zona común y un circuito por apartamento • Antena parabólica • Lobby y Sala de estar • Zona de juegos infantiles • Garajes cubiertos • Portería y Recepción con vigilancia las 24 horas • 2 Tanques de agua de reserva con 150 M3 • Kiosko en la playa • Bar B-Q • Salida directa al mar

PROYECTO Y CONSTRUCCION

CINCO LTDA.
CONSORCIO DE INVERSIONES Y CONSTRUCCIONES LTDA.

Arq. Luis A. Jaraba
Arq. Humberto Juliao
Arq. Alfonso Garcés

Barranquilla
Cra. 53 No. 70-138
Tel: 354985
Fax: (958)451564

Bucaramanga
Colservicios Ltda.
Cra. 34 No. 51-38
Tels: 71342-75513-75521

El Rodadero
Calle 8 No. 2-21 Local 5
Edificio El Libertador
Tel: 27986

Bogotá
Bienes y Mercadeo Inmobiliaria Ltda. Cra. 18 No. 80-75
Tels: 2570090-2361988-2361952

12-8 La universidad. Complete these sentences using phrases from the box and your knowledge of your school.

tener casetes y videos	jugar en el equipo de fútbol
publicar libros	estudiar en España
donar dinero para una biblioteca nueva	no tener aire acondicionado

1. Hay varios edificios que _____.

2. Tenemos muchos profesores que _____.

3. Necesitamos un laboratorio que _____.

4. El rector (*president*) busca una persona que _____.

5. Conozco a muchas chicas que _____.

12-9 Nueva vida. You won the lottery and your life style is changing! Write down a few of the things you want to do, using the subjunctive.

MODELO: trabajar en una oficina que ...
Quiero trabajar en una oficina que esté en el Empire State Building.

1. comprar un auto que ...

   _____

2. viajar en un tren que ...

   _____

3. conocer a una persona que ...

   _____

4. comer en restaurantes elegantes

   _____

5. trabajar en un lugar que ...

   _____

6. visitar países que ...

   _____

Affirmative and negative expressions

12-10 Actividades. Using the expressions in the box, tell how frequently you do the following activities.

| algunas veces | siempre | a veces | nunca | todos los días |

MODELO: ver televisión
Nunca veo televisión.

1. viajar en autobús

   _____

2. ir de viaje solo/a

   _____

3. visitar a viejos amigos

   _____

4. comer en restaurantes elegantes

   _____

5. pasar una semana en las montañas

   _____

6. acostarse a las nueve de la noche

   _____

12-11 El optimista y el pesimista. You are an optimist who always sees the positive side of things. Your friend is a terrible pessimist who negates everything you say. Write what your friend would say in response to these statements about your favorite restaurant.

MODELO: En este restaurante todas las comidas son económicas.
En este restaurante ninguna comida es económica. o
En este restaurante no es económica ninguna comida.

1. Aquí siempre se come bien.

   _____

2. Todos los camareros son muy amables.

   _____

3. Vienen muchas personas conocidas.

   _____

4. También sirven muy bien.

   _____

5. El restaurante siempre está muy lleno.

   _____

12-12 Un viaje terrible. Although you had high hopes for a trip, describe what went wrong, using negative words and the preterit form of the verb in your sentences.

MODELO: Los vuelos siempre van a llegar a tiempo.
   Los vuelos nunca llegaron a tiempo.

1. En el aeropuerto alguien nos va a ayudar.

   _____

2. Vamos a probar algunos platos típicos.

   _____

3. También vamos a visitar Santo Domingo.

   _____

4. Vamos a conocer muchos lugares interesantes.

   _____

5. Todo va salir bien durante el viaje.

   _____

12-13 Mi familia. Answer a friend's questions about your family.

MODELO: ¿Tienes algún tío que hable chino?
   No, no tengo ningún tío que hable chino. o
   Sí, tengo un tío que habla chino.

1. ¿Tienes alguna prima que estudie español?

   _____

2. ¿Tu madre o tu padre son europeos?

   _____

3. ¿Tienes algún familiar que viva en las montañas?

   _____

4. ¿Hay alguien en tu familia que tenga una computadora?

   _____

5. ¿Tienes algún hermano que estudie en la universidad?

   _____

Possessive adjectives and pronouns

12-14 Mi viaje a Perú. Your friend is telling you about certain aspects of his trip to Peru. How would he emphasize the following statements using possessives?

MODELO: Mi pasaje no fue caro.
   El pasaje mío no fue caro.

1. Mi excursión incluye un viaje a Cuzco.

   _____

2. Su hotel está cerca del Palacio Torre Tagle.

   _____

3. Hicimos nuestras reservaciones hace dos meses.

   _____

4. Diego dice que sus boletos costaron 50 dólares.

   _____

5. Susana compró su poncho en ese mercado.

   _____

12-15 Las vacaciones. Rewrite the following sentences using the form of the possessive adjective that corresponds to the person in parentheses.

MODELO: Mis vacaciones en la playa fueron muy especiales. (Juan)
   Las vacaciones suyas fueron muy especiales.

1. Mi excursión incluye un viaje a Cuzco. (tú)

   _____

2. Su hotel está cerca del Palacio Torre Tagle. (yo)

   _____

3. Hicimos nuestras reservaciones hace dos meses.(Ramón)

   _____

4. Diego dice que sus boletos costaron 50 dólares. (Ana y José)

   _____

5. Susana compró sus ponchos en ese mercado. (Amanda y yo)

   _____

12-16 En el aeropuerto esperando el equipaje. Complete this conversation in the baggage section of an airport with the appropriate possessive form.

ASUNCIÓN: No veo mis maletas. ¡Ah, están allí!

BERTA: No, Asunción, ésas no son (1) _____.

ASUNCIÓN: Sí, son ésas.

SEÑOR: Perdón, señora. Ésas son las maletas (2) _____.

ASUNCIÓN: ¿ (3) _____?

SEÑOR: Mire los números, señora. Son los números (4) _____.

ASUNCIÓN: Lo siento mucho, es que las maletas (5) _____ son iguales a

las (6) _____.

12-17 En un viaje. Answer the following questions using the appropriate form of **el mío, el suyo, el tuyo,** or **el nuestro.**

MODELO: ¿Qué habitación te gusta más, la de Ana o la tuya?
  Me gusta más la suya. o *Me gusta más la mía.*

1.   ¿Cuál es más cómodo, nuestro hotel o el de ustedes?

_____

2.   ¿Quieres ir a Concepción en mi auto o en el de Víctor?

_____

3.   ¿Cuál mapa de Chile prefieres usar, el de Sara o el tuyo?

_____

4.   ¿Te gustan más mis fotos de Bariloche o las tuyas?

_____

5. ¿Vas a usar mi mochila o la de Ana?

_____

The future tense

12-18 Un año en España. You have been accepted by an international exchange program and will spend your junior year in Spain. Answer these questions using **sí** and the future tense.

MODELO: ¿Vas a estudiar en Madrid?
　　　　 Sí, estudiaré en Madrid.

1. ¿Vas a escribir frecuentemente?

_____

2. ¿Vas a llamar todos los meses?

_____

3. ¿Vas a visitar otras ciudades?

_____

4. ¿Vas a llevar poco equipaje?

_____

5. ¿Vas a vivir con una familia española?

_____

6. ¿Vas a salir los domingos?

_____

12-19 Una carta de la abuela. A friend receives a letter from her grandmother. Fill in the blanks using the future tense of the following verbs.

deber	casarse *(to get married)*	depender *(to depend)*	recibir
graduarse	ver	comprender	
crear *(to create)*	encontrar	estudiar	
ser	necesitar		

Querida nieta,

¿Nunca te has preguntado cómo (1) _____ tu vida dentro de unos cuantos

años? Todo (2) _____ en gran parte de ti. (3) _____ mucho hasta

terminar la carrera o profesión que hayas escogido. Tú (4) _____ y

(5) _____ un trabajo. (6) _____ y (7) _____ una familia, que

(8) _____ de ti para su desarrollo y progreso. (9) _____ alegrías

y tristezas como todos los seres humanos. Pero siempre (10) _____ que hay

grandes satisfacciones en la vida, que todos tus esfuerzos se (11) _____ compensa-

dos por el amor de tus seres queridos, la comprensión de tus amigos, la esperanza en un

mundo mejor al que (12) _____ contribuir en la medida de tu capacidad y

buena voluntad.

Un fuerte abrazo de tu abuela Sonia

12-20 En el año 2050. Write five sentences explaining how you think life will be in the year 2050. Use the verbs from the box or think of your own.

haber	poder	hacer	tener	salir	poner
viajar	estar	ir	ver	vivir	

MODELO: *En el año 2050 no habrá que pagar impuestos (taxes).*

1. _____

2. _____

3. _____

4. _____

5. _____

MOSAICOS

A leer

12-21 Mucho que hacer. You are traveling across the country via airplane. In what order do you do the following activities?

— Encuentro el asiento apropiado.   _____

— Llego a la sala de espera.   _____

— Llamo al aeropuerto.   _____

— Hago la maleta.   _____

— Tomo un taxi al aeropuerto.   _____

— Compro el boleto para el vuelo.   _____

— Le pido una revista al auxiliar de vuelo.   _____

— Subo al avión.   _____

— _____   _____

12-22 Viajamos por carretera (*highway*). Read the government's suggestions (on next page) for people who are planning to travel by car.

Vocabulario nuevo		
el puente *bridge*	vuelta *return*	
abrocharse el cinturón *to fasten one's seatbelt*	casco *helmet*	adelantar *to pass*
cansancio *fatigue*	partir=salir	

Complete the following sentences with the correct verb form.

1. Es importante que un mecánico _____ su vehículo.

2. Según los consejos del gobierno, es imprescindible que todos _____ el cinturón.

ESTE PUENTE TIENE QUE CRUZARLO DOS VECES

Disfrute cuanto pueda de estas cortas vacaciones.
Pero piense que el puente que le ha traído
hasta aquí, es tambien el camino de vuelta a casa.
Y al otro lado hay mucha gente que le espera.
Cuando llegue la hora de partir,
siga nuestro consejo.
En los largos desplazamientos:
•Revise los puntos vitales de su vehículo.
•Abróchese siempre el cinturón.
•Respete los límites de velocidad.
•Mantenga la distancia de seguridad.
•No adelante sin visibilidad.
•Al mínimo síntoma de cansancio, no conduzca.
•Póngase el casco si viaja en moto o ciclomotor.
**•Siga estos consejos también en los
trayectos cortos.**

LA VIDA ES EL VIAJE MAS HERMOSO

Dirección Gral. de Tráfico

Ministerio del Interior

3.   Usted debe _____ los límites de velocidad.

4.   Es peligroso _____ otro coche si no hay buena visibilidad.

5.   El gobierno prefiere que los conductores cansados no _____.

6.   Es mejor que una persona _____ el casco si viaja en moto.

A escribir

12-23 En mi álbum de fotos. Your friend has decided to travel to Costa Rica during spring vacation. Knowing that you took a similar trip a few years ago, he/she asks to hear some details of your adventures. The two of you flip through your photo album, and you describe your explorations of the rain forests. Explain your trip as you remember it: how long ago did you go; what was the weather like; what was the countryside like; how long were you there; why was it a good trip. Then, give your friend two pieces of advice to make his/her travels go more smoothly.

_____

_____

_____

_____

_____

_____

_____

_____

_____

_____

12-24 Trabajo y placer. Mrs. Rico and her husband plan to combine work with pleasure. She has a business meeting in Guadalajara, Mexico, and her husband decides to go along and visit a local business to buy merchandise for his store in San Antonio. They will stay on for a three-day vacation with their two children, Luisito and Adelita. Read the ad from the **Hotel La Piedad,** where they are staying, (on next page) and write five sentences stating what the hotel offers all four of them for work and pleasure.

1. _____

2. _____

3. _____

4. _____

5. _____

12-25 Mis mejores vacaciones. Your friend wants to go on vacation. Write him/her a letter describing your last vacation (where you went, with whom, how the place where you stayed was, how the people were, the places you visited, the transportation you used, what you did, how long you were there, how long ago you took this vacation, why it was so good). Suggest that he/she go there. Advise him/her where to stay, what places to visit, what to do or not to do, etc.

Lección 13
Los hispanos en los Estados Unidos

A PRIMERA VISTA

13-1 Mesa redonda en Washington. This article appeared in the Washington area newspaper *Impacto* in 1993. Read it carefully and answer the questions that follow.

Vocabulario nuevo	
realizar *to take place*	orador *speaker*

Realizarán en Washington Mesa Redonda acerca de negocios latinos de EEUU

Más de 100 ejecutivos de compañías de origen latinoamericano que viven en Estados Unidos se reunirán en el Capital Hilton Hotel en Washington D.C. del 14 al 16 de septiembre próximo a fin de expresar sus preocupaciones y prioridades legislativas a funcionarios del gobierno.

La Mesa Redonda, que es la segunda organizada por Hispanic Business Inc., proveerá excelentes oportunidades para discutir abiertamente temas económicos nacionales con miembros de la Administración Clinton y miembros del Congreso.

1. ¿Dónde se celebró la Mesa Redonda?

   _____

2. ¿Quiénes participaron en la Mesa Redonda?

   _____

3. ¿Cuál era el objetivo de la reunión?

   _____

4. ¿Cuándo tuvo lugar la reunión?

   _____

5. ¿Quién organizó la Mesa Redonda?

   _____

6. ¿Qué temas querían discutir?

_____

7. ¿Con quién querían discutir esos temas?

_____

13-2 Dos reporteras ganan premios. Complete the chart with the information in this article from the Spanish-language magazine *Más*.

Vocabulario nuevo	
presentadora *anchor woman*	juvenil *youth*

Dos premios que nos enorgullecen

Aún hay quienes dicen que a la mujer hispana hay que "ponerla en su sitio". Pero cosas como los premios Emmy dados a **Mariana Sánchez** y **Denisse Oller**, del noticiero del Canal 41, la estación de Nueva York de Univisión, los desmienten. Porque ellas solitas han sabido situarse bien alto. Oller, de Puerto Rico, es la presentadora del noticiero y ha recibido dos Emmys. Mereció este año el premio al Mejor Especial Noticioso por *Racismo, Nueva York al desnudo*. Mariana Sánchez, una joven reportera peruana, obtuvo otro Emmy por *Diploma de sangre*, una serie de gran sensibilidad sobre el crimen juvenil en los barrios marginales de Nueva York. ◆

Nombre	Nacionalidad	Profesión	Premio

Nombre: _____   Fecha: _____

13-3 El Ballet Folklórico de Tejas. Read this article from the Hispanic magazine *Más* about a Mexican-American dance company and answer the questions.

DANZA

BALLET MEXICANO NACIDO EN TEXAS

El ballet folklórico de Texas nació de una necesidad de su fundador, Roy Lozano: expresar sus raíces a través del arte. Su padre era beisbolista profesional y este niño de Corpus Christi viajaba con él a pueblos de México donde asistía a fiestas típicas con música folklórica y trajes tradicionales. Ya en la escuela secundaria, el joven Lozano se integró a un grupo de danza mexicana.

En 1976, cuando Lozano era estudiante en la Universidad de Texas en Austin, llegó a esta ciudad un representante del Ballet Folklórico de México para reclutar talento. Lozano se presentó a las audiciones y fue invitado a Ciudad de México. A los dos meses se encontró recorriendo el mundo con la compañía. "La experiencia duró tres años y medio", cuenta, "y me permitió aprender las técnicas de una compañía profesional". Lozano regresó a Austin y fundó su propia compañía. Hoy, el Roy Lozano Ballet Folklórico de Texas cuenta con 24 miembros profesionales, una *troupe* de 20 jóvenes y una escuela de danza a la cual asisten 75 niños.

"Buscamos dar expresión visual a nuestra historia y cultura", dice Lozano. La compañía se presenta en Austin el 22 de mayo en el teatro Paramount y el 27 y 28 de agosto en el Zilker Hillside, así como en escuelas y beneficios. Para más información llame al (512) 320-0890 (en inglés).

-Susana Tubert

1. ¿Quién es Roy Lozano?

_____

2. ¿Qué deporte practicaba su padre profesionalmente?

_____

3. ¿Cómo aprendió Lozano la música folklórica mexicana?

_____

4. ¿Cuándo empezó a bailar?

_____

5. ¿En qué universidad estudió?

_____

6. ¿Cuántos años bailó con el Ballet Folkórico de México?

_____

7. ¿Qué aprendió en esa compañía?

   _____

8. ¿Qué fundó Lozano en Austin?

   _____

9. ¿Cuántas personas hay en su compañía?

   _____

10. ¿Cuál es su contribución a la comunidad?

   _____

EXPLICACIÓN Y EXPANSIÓN

Síntesis gramatical

1. The past participle and the present perfect

hablar	**hablado**	
comer	**comido**	
vivir	**vivido**	

yo	he	
tú	has	
Ud., él, ella	ha	hablado
nosotros/s	hemos	comido
vosotros/as	habéis	vivido
Uds., ellos/as	han	

2. The past perfect

yo	había	
tú	habías	
Ud., él, ella	había	hablado
nosotros/s	habíamos	comido
vosotros/as	habíais	vivido
Uds., ellos/as	habían	

3. Past participles used as adjectives

_____

un apartamento alquilado   los libros abiertos
una puerta cerrada   las ventanas rotas

4. Reciprocal verbs and pronouns

_____

nosotros/as nos comprendemos   *we understand each other*
vosotros/as os comprendéis   *you understand each other*
Uds. / ellos/as se comprenden *you / they understand each other*

5. Infinitive as subject of a sentence and as object of a preposition

_____

Caminar es buen ejercicio.   *Walking is good exercise.*
Llama antes de **ir**.   *Call before going.*

The past participle and the present perfect

13-4 El mes de la herencia hispana. Your Spanish Club is celebrating National Hispanic Heritage Month on September 16, and you are in charge of coordinating the party. Ask these person(s) if they have carried out their responsibilities.

MODELO: tú/enviar las invitaciones
         ¿Ya has enviado las invitaciones?

1. los chicos/decorar el salón

_____

2. tú/traer los refrescos

_____

3. Elena/comprar los dulces

_____

4. Armando y Olivia/llamar al fotógrafo

_____

5. ustedes/seleccionar la música

_____

13-5 Los hispanos en el béisbol. Complete these sentences about the contributions of Hispanics to baseball. Use the present perfect of the verbs in the parentheses.

1. Los hispanos _____ (participar) en las Grandes Ligas por muchos

   años.

2. Los hispanos _____ (tener) mucho éxito en el béisbol.

3. José Canseco _____ (batear) más de 230 cuadrangulares

   (*homeruns*).

4. El venezolano Ozzie Guillén _____ (sufrir) varios accidentes.

5. Roberto Alomar _____ (desear) siempre ser tan famoso

   como su padre y su hermano. Los tres _____ (ser) muy buenos

   jugadores de Grandes Ligas.

13-6 Mis vacaciones en Santa Fe. You are getting ready for a vacation in Santa Fe, New Mexico. Your friend Estela is reminding you about details for your trip. Tell her that you have just done these things.

MODELO: ¿Has hecho las maletas?
   Sí, acabo de hacer las maletas.

1. ¿Has leído la historia de Santa Fe?

   _____

2. ¿Has hecho reservaciones en algún hotel?

   _____

3. ¿Has reservado un coche?

   _____

4. ¿Has llamado para saber qué tiempo hace en Santa Fe?

   _____

5. ¿Le has pedido a tu hermano que recoja (*pick up*) tu correspondencia?

   _____

13-7 Mi familia y yo. Answer the following personal questions using the present perfect tense of the verbs.

1. ¿Cuántas veces ha viajado tu familia en los últimos tres años?

    _____

2. ¿Cuál es el último libro que has leído?

    _____

3. ¿Has ido a algún concierto con tu familia?

    _____

4. ¿Has visto algún programa de la televisión hispana?

    _____

5. ¿Han visitado tus padres la Casa Blanca?

    _____

6. ¿En cuántos estados norteamericanos has estado?

    _____

The past perfect

13-8 Demasiado tarde. Tell what had already happened when the following activities took place.

MODELO: Cuando llegó la Cruz Roja, ya _____ algunos de los heridos. (morir)
Cuando llegó la Cruz Roja, ya habían muerto algunos de los heridos.

1. Cuando llegué a la clase, el profesor ya _____ el examen. (distribuir)

2. Cuando Oprah presentó su programa sobre la inmigración centroamericana, Geraldo

    ya lo _____. (presentar)

3. Cuando anunciaron el huracán en la Florida, ya _____ por Puerto

Rico. (pasar)

4. Cuando dieron las noticias por radio, nosotros ya las _____ por

la televisión. (ver)

5. Algunos quisieron hacer compras, pero las tiendas ya _____.
(cerrar)

6. El auto no tenía nieve porque mis padres lo _____ antes de la

tormenta. (cubrir)

13-9 Los preparativos. What had the following persons done to get ready for the
approaching storm?

MODELO: La familia Sánchez/escuchar
La familia Sánchez había escuchado las noticias.

1. Ana/preparar

_____

2. yo/comprar

_____

3. nosotros/ir

_____

4. Francisco y Melisa/cerrar

_____

5. tú/ayudar

_____

6. Elisa y yo/recoger

_____

13-10 El picnic de la clase. Your class had a picnic on the last day of classes. The instructor was late. Write what your classmates and you had done by the time he/she arrived. Use direct object pronouns in your answers.

MODELO: ¿Quiénes pusieron los manteles en las mesas?
Rosario y yo los habíamos puesto.

1. ¿Quién cocinó las hamburguesas?

   _____

2. ¿Quién hizo la ensalada de fruta?

   _____

3. ¿Quiénes buscaron la cerveza y los refrescos?

   _____

4. ¿Quiénes compraron los platos, los vasos y las servilletas?

   _____

5. ¿Quién trajo la pelota y la red de voleibol?

   _____

Past participles used as adjectives

13-11 La violencia. Complete the paragraph with the following words. Make any changes to the words that are necessary.

dispuesto *(willing)*	asustado *(scared)*	parado *(standing)*	herido
roto	escapado	acostumbrado	

Ayer vi un programa de televisión sobre la violencia. Ya estoy (1) _____

a todo esto. Los críticos hablan del problema, pero nadie está (2) _____ a ofrecer soluciones concretas. Hace unos días yo estaba (3) _____

en la esquina esperando el autobús cuando dos hombres empezaron a discutir. Uno

atacó al otro y vi sus gafas (4) _____ en la calle. Yo estaba

(5) _____ y fui con otra persona a llamar a la policía. Cuando regresamos

al lugar, uno de los hombres estaba (6) _____ y el otro se había

(7) _____.

13-12 Después de la fiesta. You must describe the condition of an apartment after a wild party. Use the imperfect tense of **estar** and the correct form of the following words: **abierto, roto, cerrado, cubierto, encendido** *(turned on)*, **desordenado** *(messy)* in your description. Use each word only once.

MODELO: la puerta
        La puerta estaba abierta.

1. Las cortinas _____.

2. El televisor _____.

3. Los muebles _____.

4. Las ventanas _____.

5. Los vasos _____.

6. El mostrador de la cocina _____ de platos
   sucios.

13-13 Sí, ya está hecho. Your family rented a beach condo for two weeks. Answer your mother's questions and reassure her that everything is taken care of.

MODELO: ¿Informaste a los Suárez?
   Sí mamá, los Suárez están informados.

1. Ana, ¿apagaste *(turned off)* el televisor?

   _____

2. Luis, ¿le cambiaste el aceite al coche?

   _____

3. ¿Cerraron las puertas?

   _____

4. ¿Pusieron las maletas en el baúl?

   _____

5. ¿Hiciste la lista de teléfonos?

   _____

Reciprocal verbs and pronouns

13-14 Relaciones personales. Describe how you and your friends relate to each other. Choose the verb from the box that best completes each statement.

quererse	odiarse	pelearse
llamarse	mirarse	verse

MODELO: Mi amigo Álvaro vive en Paraguay. Yo vivo en Venezuela.
   Nosotros *nos escribimos* mucho.

1. Carolina y Santiago hablan por teléfono todos los días. Ellos _____

   con frecuencia.

2. Isabel mira a Paco. Paco la mira a ella. Ellos _____.

3. Tu novio/a y tú van a casarse. Ustedes _____

   mucho.

4. Mi amiga Antonia se enamoró de mi novio y él se enamoró de ella. Él y yo

   _____ y ahora nosotras _____.

5. Adelina y Marcial estudian y trabajan juntos. Ellos _____ casi

   todos los días.

13-15 Historia de amor. You are thinking about your relationship with a loved one. Describe at least five things that happened between you. You may use verbs like: **conocerse, hablarse, besarse** *(to kiss),* **pelearse, quererse/amarse, verse, comunicarse, abrazarse,** or any other verb of your choice.

MODELO: *José y yo nos conocimos en. . .*

1. _____

2. _____

3. _____

4. _____

5. _____

Infinitive as subject of a sentence and as object of a preposition

13-16 No poder. Your little sister wants to know why you are not able to do certain things. Explain why by matching the phrases on the left with words on the right. Then write sentences with the items you matched using the preposition **sin** and the verb **tener.**

MODELO: jugar golf   palos
        No puedo jugar golf sin tener palos.

1. manejar un auto   _____ pasaporte

2. escribir una carta   _____ bolígrafo

3. comer pollo frito   _____ sello

4. viajar a otro país   _____ licencia

5. mandar una tarjeta postal _____ aire

6. respirar   _____ dientes

1. _____

2. _____

3. _____

4. _____

5. _____

6. _____

13-17 Reglas a seguir *(Rules to follow).* What signs could you find in each one of these places? Use the infinitive form of the verb.

MODELO: en una puerta de salida
        No entrar (to enter).

1. en la biblioteca _____

2. en una playa donde el agua es profunda y las olas *(waves)* son muy altas

_____

3. enfrente de la entrada de emergencia de un hospital

_____

4. en el cine cuando todos están viendo la película

_____

5. en una tienda donde se venden objetos de cristal

_____

13-18 ¿Qué hiciste? You returned home after a business trip to La Paz and your grandmother wants to know everything about it. Answer her questions in detail.

MODELO: ¿Qué hiciste al comprar el boleto?
Al comprar el boleto, pagué y salí de la agencia de viaje.

1. ¿Qué hiciste antes de hacer la maleta? ¿y antes de salir de casa?

_____

2. ¿Qué hiciste al llegar al aeropuerto? ¿y al entrar al avión?

_____

3. ¿Qué no pudiste hacer en el avión?

_____

4. ¿Qué hiciste después de llegar al hotel? ¿y después de cenar?

_____

MOSAICOS

A leer

13-19 Nuestro mundo bilingüe. Each year, the United States becomes increasingly multilingual. Many public announcements reflect this trend and are written in both English and Spanish. Write statements in Spanish, appropriate to the following places, that request that the public act in a certain way.

MODELO: en la calle
        No tire basura en la calle.

1. en un restaurante: _____

2. en una biblioteca: _____

3. en un autobús: _____

4. en un hospital: _____

5. en una iglesia: _____

13-20 A aprender matemáticas con Escalante. Read this article from the magazine *Más* (on next page) and answer the following questions.

Vocabulario nuevo	
adelantado *advancement*	**ganas** *desires, aspirations*

A APRENDER MATEMÁTICAS EN VIDEO

Gracias a la unión de los talentos de Jaime Escalante, el profesor de matemáticas más famoso de EE.UU., y Public Broadcasting Services (**PBS**), unos 15 millones de estudiantes se están beneficiando de su capacidad para la enseñanza. *Futures, with Jaime Escalante* es el título del programa de video producido bajo los auspicios de la Fundación para el Adelanto de la Ciencia y la Enseñanza (**FASE**), y transmitido a través de **PBS**. En 1991 la serie *Futures* recibió el prestigioso premio Peabody.

FASE también produjo el programa *Math. . .Who Needs It?* (Matemáticas. . .¿Quién las necesita?) de una hora de duración. En él personalidades como Dizzie Gillespie, Rosana De Soto y Bill Cosby entre otros, se unen a Escalante para demostrar la necesidad de las matemáticas en la vida. Gracias al éxito de *Futures* la serie se ha extendido a 12 programas que explican temas como Agricultura, Óptica, Estadísticas y Modas.

La labor de Escalante ha llegado hasta Puerto Rico, donde hace poco se fundó un nuevo capítulo de la Fundación Jaime Escalante.

Este año, el profesor dejó la escuela Garfield del Este de Los Ángeles, donde se desarrolló la película *Stand and Deliver*, y se fue a la escuela de secundaria Hiram Johnson en Sacramento.

Así, el inmigrante boliviano, cuyo lema es "Ganas", continúa inspirando a los estudiantes latinos para que aprendan matemáticas, una disciplina necesaria.

Para información sobre *Futures, with Jaime Escalante* se puede escribir a **FASE** Productions, 4801 Wilshire Blvd. #215, Los Angeles, CA 90010. Tel.: (213) 965-8794.

1. ¿Por qué es conocido Jaime Escalante como "el profesor de matemáticas más famoso de EE.UU."? _____

_____

2. ¿Quiénes se están beneficiando de la excelencia de este profesor? _____

_____

3. En sus propias palabras, explique el propósito de FASE. _____

_____

4. Dé los nombres de otras figuras públicas que se han unido al proyecto de Escalante.

_____

_____

5. ¿A cuántos programas se ha extendido la serie de *Futures*? ¿Por qué? _____

_____

_____

6. ¿Qué escuela toma como modelo la historia de la película *Stand and Deliver*? _____

    _____

    _____

7. ¿Dónde enseña este profesor ahora? _____

    _____

8. ¿Dónde nació? _____

    _____

9. En sus propias palabras, explique el significado de su lema. _____

    _____

A escribir

13-21 Ud. es periodista. Imagine that you are a writer for your city's newspaper and have been assigned a series of columns titled **Los hispanos en Estados Unidos.** For your first column, write a short profile of a Hispanic citizen of the United States. This person can be a public figure or a member of your community or university. Describe this person, as well as his or her accomplishments, in detail. In other words, **¿qué ha hecho esta persona?**

_____

_____

_____

_____

_____

_____

_____

_____

13-22 Una entrevista con Ellen Ochoa. Your Communications professor assigns you to interview a prominent Hispanic. Use the article below as the basis for the interview.

MODELO: *Usted: ¿Dónde nació usted?*
Ochoa: Nací en Los Ángeles.

Usted: _____

El secreto de una mujer exitosa

Ellen Ochoa mide 5 pies 5 pulgadas y pesa 108 libras, pero en cuanto a inteligencia y determinación se refiere, el peso de esta mexicoamericana, nacida en Los Angeles, se hace sentir donde quiera que está. Es doctora en ingeniería eléctrica y una notable flautista clásica. Hace pocos años, Ellen se convirtió en la primera mujer hispana astronauta al orbitar la Tierra en la nave Discovery. Su misión fue dirigir un grupo de investigación de la NASA. Además, disfruta cada vez que se reúne con grupos de estudiantes, en particular hispanos. A estos sabe transmitirles el secreto de todo éxito: trabajar y estudiar muy duro. ◆

Ochoa: _____

Usted: _____

Ochoa: _____

Usted: _____

Ochoa: _____

Usted: _____

Ochoa: _____

Usted: _____

Ochoa: _____

13-23 Una biografía. Imagine that someone close to you is a famous person. Write his/her biography in three paragraphs.

Párrafo 1, Dé información personal: nombre, dónde y cuándo nació, profesión, dónde trabaja, por qué es famoso/a

Párrafo 2, Vida actual: qué hace él/ella ahora

Párrafo 3, Planes a corto/largo plazo *(short/long term plans)*: qué va a hacer en el futuro

_____

_____

_____

_____

_____

_____

_____

_____

_____

_____

_____

_____

_____

_____

Cambios de la sociedad

A PRIMERA VISTA

14-1 Problemas sociales. For each social problem circle the word that does not belong.

MODELO: Las pandillas

a) las drogas   b) la violencia

(c) el censo)   d) el crimen

1. El narcotráfico

   a) las drogas

   b) la enfermedad

   c) el dinero

   d) decomisar

2. El divorcio

   a) la familia

   b) los problemas económicos

   c) la tensión

   d) los síntomas

3. La política

   a) la pandilla

   b) el golpe militar

   c) el gobierno

   d) el Presidente

4. La sociedad

   a) el crimen

   b) el contrabando

   c) la aduana

   d) la asistencia social

5. El tráfico

   a) los coches

   b) la contaminación del aire

   c) el autobús

   d) el hogar

6. La salud

   a) los médicos

   b) el hospital

   c) el apellido

   d) los síntomas

14-2 Contra el sexismo en el lenguaje. The Institute of Women's Affairs (*Instituto de la Mujer*) in Spain recently addressed the issue of sexism in the Spanish language. Read the resulting proposals and answer the questions.

Vocabulario nuevo		
evitar *to avoid*	ocultar *to hide*	aportaciones *contributions*

Reflexiones sobre formas lingüísticas sexistas que se deben evitar y ejemplos de propuestas alternativas

A. Sobre el masculino utilizado como genérico

A.1. Tradicionalmente se han utilizado las palabras *hombre* y *hombres* con un sentido universal, ocultando o desdibujando la presencia, las aportaciones y el protagonismo de las mujeres.

Se propone la sustitución de *hombre* y *hombres* en estos casos por *persona* o *personas, ser humano* o *seres humanos, humanidad, hombres y mujeres* o *mujeres y hombres,* sin dar preferencia en el orden al masculino o femenino.

NO	SI
El hombre	Los hombres y las mujeres / La humanidad
Los derechos del hombre	Los derechos humanos / Los derechos de las personas
El cuerpo del hombre	El cuerpo humano
La inteligencia del hombre	La inteligencia humana
El trabajo del hombre	El trabajo humano / El trabajo de mujeres y hombres
El hombre de la calle	La gente de la calle
A la medida del hombre	A la medida humana/de la humanidad/del ser humano

1. ¿Cómo se han usado las palabras *hombre* y *hombres* tradicionalmente, según el Instituto de la Mujer?

_____

_____

2. ¿Qué sustitución propone el Instituto?

_____

_____

3. ¿Existe el mismo problema en inglés? ¿Cuál es la solución en inglés?

_____

_____

4. ¿Qué adjetivo propone el Instituto para sustituir "del hombre" en la frase "la inteligencia del hombre"?

_____

_____

5. ¿Cuál es el equivalente de "el hombre de la calle"?

_____

_____

14-3 El papel de la mujer en mi familia. Write a paragraph contrasting the domestic responsibilities of an older married family member (grandmother, mother, aunt) with those of a younger one (sister, cousin).

_____

_____

_____

_____

_____

_____

_____

_____

_____

_____

_____

_____

EXPLICACIÓN Y EXPANSIÓN

Repaso gramatical

1. Adverbial conjunctions that always require the subjunctive

a menos (de) que	para que
antes (de) que	sin que
con tal (de) que	

2. Adverbial conjunctions: subjunctive or indicative

aunque	hasta que
cuando	mientras
después (de) que	tan pronto como
en cuanto	

3. The conditional

	HABLAR	COMER	VIVIR
yo	hablaría	comería	viviría
tú	hablarías	comerías	vivirías
Ud., él, ella	hablaría	comería	viviría
nosotros/as	hablaríamos	comeríamos	viviríamos
vosotros/as	hablaríais	comeríais	viviríais
Uds., ellos/as	hablarían	comerían	vivirían

4. The imperfect subjunctive

	HABLAR	COMER	VIVIR	ESTAR
yo	hablara	comiera	viviera	estuviera
tú	hablaras	comieras	vivieras	estuvieras
Ud., él, ella	hablara	comiera	viviera	estuviera
nosotros/as	habláramos	comiéramos	viviéramos	estuviéramos
vosotros/as	hablarais	comierais	vivierais	estuvierais
Uds., ellos/as	hablaran	comieran	vivieran	estuvieran

5. *If*-clauses

condition (*if*-clause)	result
present indicative	present/**ir a** + *infinitive* /future
Si yo **consigo** el dinero,	**pago/voy a pagar/pagaré** la cuenta.
imperfect subjunctive	conditional
Si yo **consiguiera** el dinero,	**pagaría** la cuenta.

Adverbial conjunctions that always require the subjunctive

14-4 Del campo a la ciudad. A person explains under what circumstances she will leave the country to live in the city. Underline the correct verb in each statement.

1. No voy a la ciudad a menos que (tengo/tenga) un trabajo.

2. Quiero ir a la ciudad para que mi hija (pueda/puede) estudiar.

3. Voy a ir a la ciudad antes de que (es/sea) demasiado tarde.

4. Mis padres aceptan que vaya con tal que (venga/vengo) a visitarlos con frecuencia.

5. Mis amigos dicen que no puedo ir a la ciudad sin que les (digo/diga) cuándo me voy.

14-5 Amanda sueña con un auto. Amanda Bermúdez is daydreaming about the car she wants. She imagines her father giving her a car and explaining his reasons for doing so. Play the part of the father, beginning each sentence with **Te compro el carro** and giving the following reasons.

MODELO: llegar a tiempo a tus clases
Te compro el carro para que llegues a tiempo a tus clases.

1. poder buscar trabajo

   _____

2. no pedirme el mío

   _____

3. no perder tiempo esperando el autobús

   _____

4. llevar a tus amigos a la playa

   _____

5. traer la comida del mercado

   _____

14-6 Alicia habla seriamente con su novio. Alicia and Jorge plan to marry and are discussing their future roles and responsibilities. Complete the sentences using the appropriate forms of the verbs in the box.

lavar	casarse	poder	sacar	hacer

1. Antes que (nosotros) _____, tenemos que ponernos de acuerdo (*come to an agreement*) sobre las responsabilidades de cada uno.

2. Yo preparo el desayuno con tal que tú _____ las camas.

3. Yo no voy a cocinar, a menos que tú _____ los platos.

4. Yo estoy dispuesta a limpiar la casa los sábados para que tú _____ trabajar algunas horas extras.

5. Yo no limpio la barbacoa a menos que tú _____ al perro.

Adverbial conjunctions: subjunctive or indicative

14-7 La rutina diaria. Cristina talks about her daily activities as a working student. Fill in the blanks with the correct forms of the verbs in parentheses.

Me levanto a las seis aunque (1) _____ (preferir) dormir hasta las siete. Me

baño tan pronto (2) _____ (levantarse). Mientras (3) _____ (desayunar)

me gusta leer el periódico. En cuanto (4) _____ (llegar) a la oficina, me pongo

a trabajar. Allí hago mis tareas según me (5) _____ (decir) el jefe. Yo trabajo

hasta que (6) _____ (sonar) la campana de las dos de la tarde. Tan pronto como

(7) _____ (llegar) a la universidad voy a la biblioteca. Me gusta estudiar

donde no (8) _____ (haber) ruido. Cuando las clases (9) _____

(terminar), a veces voy a la cafetería a tomar un café con mis amigos. Después de que

nosotros (10) _____ (hablar) un rato (*a while*), nos gusta salir a caminar.

Nombre: _____   Fecha: _____

14-8 Mis planes futuros. A young woman is talking about her future plans. Complete her statements with the appropriate forms of the verbs in parentheses.

Cuando empecé a estudiar aquí en la universidad, nunca pensé que iba a terminar, pero eso ya es casi una realidad. Cuando (1) _____ (terminar) mis estudios pienso practicar mi profesión en otro país pero todavía no sé cuál. Mis padres no quieren que me vaya, pero en esta ciudad no hay oportunidades para una persona con mi especialidad. Me voy a quedar aquí hasta que (2) _____ (poder) ahorrar (*save*) bastante dinero para el viaje. Después de que (3) _____ (recibir) la información acerca de las posibilidades de trabajo en otros países, voy a hacer los preparativos. Mis padres dicen que hay una posibilidad de que la fábrica de plásticos aquí en nuestra ciudad me ofrezca un puesto muy bueno y ellos quieren que lo acepte. Aunque (4) _____ (existir) esa posibilidad no creo que cambie de parecer. Quiero una oportunidad para avanzar y también quiero conocer otros lugares, otras culturas y otras costumbres.

14-9 Condiciones para el matrimonio. Tell what kind of person you would marry. Use the conjunctions below and choose from the list of conditions on the right to write your statements. Start each sentence with **Me voy a casar.**

MODELO: Me voy a casar / cuando una persona que es inteligente.
Me voy a casar cuando conozca (o encuentre) una persona que sea inteligente.

Conjunctions	*Conditions*
cuando	una persona que es comprensiva (*understanding*)
aunque no	una persona que tiene un buen sentido del humor
después de que	saber asumir responsabilidades
tan pronto como	una persona que es trabajadora
en cuanto	una persona que expresa sus sentimientos

1. _____

2. _____

3. _____

4. _____

5. _____

The conditional

14-10 ¿Qué pasaría? Choose the appropriate action according to each situation.

1. Usted está solo/a en su casa y oye un ruido como si alguien quisiera abrir una ventana.

_____ Haría una reservación.

2. Mañana es el día del santo de su novio/a.

_____ Llamaría a la policía.

3. Usted quiere pasar el fin de semana en un pequeño hotel en las montañas.

_____ Iría al médico.

4. Usted se siente mal, tiene fiebre y le duele todo el cuerpo.

_____ Lo llevaría al aeropuerto.

5. Su vecino tiene que tomar un avión mañana y no tiene automóvil.

_____ Le compraría un regalo.

6. Ud. necesita 80 dólares para arreglar su motocicleta y no los tiene.

_____ Le pediría el dinero a un/a amigo/a.

14-11 ¿Qué haría usted? What would you do in the following situations?

MODELO: Usted ve un accidente automovilístico.
Llamaría a la policía.

1. Usted encuentra 100 dólares.

_____

2. Usted tiene un problema con su novio/a.

_____

3. Usted no está de acuerdo con la nota de su examen.

_____

4. Usted no quiere ir a trabajar hoy.

_____

5. Hay un fuego en su casa.

_____

14-12 Dime, quiero saber. Your friend wants to find out all about a birthday celebration at a restaurant last night. Answer the following questions using the conditional to express probability.

MODELO: ¿A qué hora abrieron el restaurante?
        Lo abrirían a las siete.

1. ¿Cuánto tiempo estuviste allí?

   _____

2. ¿Quién hizo la reservación?

   _____

3. ¿Cuántas personas había?

   _____

4. ¿Cuánto fue la cuenta?

   _____

5. ¿Cuánto dejaron de propina?

   _____

The imperfect subjunctive

14-13 Un agente de viajes. Read the story and fill in the blanks with the appropriate verbs from the box.

sentara	fuera	pasara	visitara	pagara	cambiara	cancelara

El año pasado llamé a una agencia de viajes para hacer una excursión a Chile. Después de

hablar con el agente fui a la agencia a recoger mi boleto. Pero cuando revisé el itinerario

me di cuenta de algunos cambios. Había pedido un asiento en la sección de no fumar pero

el agente me recomendó que me (1) _____ en la sección de fumar porque

había menos pasajeros. Pedí que me (2) _____ de asiento. Después noté que el agente quería que (3) _____ a Iquique. Yo quería ir a Temuco. Sugirió que

(4) _____ unos días en Puerto Varas. También recomendó que

(5) _____ Viña del Mar. Cuando pidió que (6) _____ en

efectivo me pareció sospechoso. En ese momento le dije que (7) _____

la reservación y decidí ir a otra agencia de viajes.

14-14 Imaginación. What do you think these people wanted someone else to do?

MODELO: Cuando yo tenía cinco años mamá siempre quería que
terminara toda la comida de mi plato.

1. El jefe trata a sus empleados como si _____

   _____.

2. El año pasado tus abuelos querían que tú _____

   _____.

3. El vecino prohibió que los niños _____

   _____.

4. La pandilla buscaba un líder que _____

   _____.

5. El profesor de español deseaba que los estudiantes hablaran como si _____

   _____.

6. Él habló de ella como si _____

   _____.

14-15 Reacciones personales. Use the expressions in the box to express your wishes or your reactions to your friends' activities in Spain.

me alegré (de)	quise	dije	no creí
pedí	prohibí	me gustó	sentí

MODELO: El mes pasado Patricia fue a Ibiza en barco.
Me gustó que Patricia fuera a Ibiza en barco.

1. Nadie quiso hacer windsurf en Torremolinos.

   _____

2. Diego estuvo dos semanas en un hotel de lujo.

   _____

3. Los García conocieron a muchas personas en Sevilla.

   _____

4. Pilar perdió su cartera en Barcelona.

   _____

5. Ramiro y José nadaron en Santander.

   _____

6. Elena y sus amigas comieron mariscos en Bilbao.

   _____

If-clauses

14-16 Si yo fuera. . . If you were these people, what would you do?

1. una actriz famosa   _____ eliminaría los impuestos *(taxes)*

2. el Presidente   _____ me casaría otra vez

3. un/a profesor/a   _____ buscaría ayuda

4. un joven con problemas   _____ estaría en una prisión

5. un criminal   _____ viviría en Hollywood

6. un/a viudo/a   _____ no daría exámenes

14-17 Si nosotros ... Complete the sentences expressing what you and your best friend would do in the following circumstances.

1. Si nosotros trabajáramos en España, _____
_____.

2. Si visitáramos México, _____
_____.

3. Si practicáramos español todos los días, _____
_____.

4. Si hiciéramos más ejercicio, _____
_____.

5. Si comiéramos alimentos más sanos _____
_____.

14-18 El premio gordo. If you were to win the lottery, how would you spend the money? Make a list of things you would like to do with five million dollars.

MODELO: *Si yo ganara la lotería, ayudaría a los desamparados (homeless).*

1. _____

2. _____

3. _____

4. _____

5. _____

6. _____

MOSAICOS

A leer

14-19 Roles distintos. Write a statement that either attacks or defends the following actions.

1. Todos los miércoles las mujeres pueden entrar gratis a la discoteca. _____
   _____

2. Un hombre siempre debe abrirle la puerta a una mujer. _____
   _____

3. Según la costumbre norteamericana, la mujer debe cambiarse de apellido cuando se
   casa. _____
   _____

4. En muchos países el servicio militar es obligatorio para los hombres y no para las
   mujeres . _____
   _____

14-20 Roles compartidos. Read this article that deals with roles shared by men and women, and complete the statements that follow.

Vocabulario nuevo		
permanecer *to endure*	aportes=contribuciones	capacitarse=prepararse

ESPECIAL
VIDA EN PAREJA

Roles compartidos

• Así como la mujer se ha salido de su papel tradicional de ama de casa, de madre, de esposa, para ir a la universidad, a capacitarse y entrar a competir con el hombre en el campo profesional, también los hombres están demostrando una tendencia al cambio. "Veo a los hombres cada vez más preocupados por que la relación no se acabe, por que su matrimonio permanezca - dice la psicóloga Consuelo de Sanz de Santamaría, especialista en terapia de pareja-. En el aspecto sentimental, antes el hombre casi no se expresaba pero ahora está pidiendo pista para expresar sus sentimientos. Y las mujeres se desconciertan cuando ellos se expresan, cuando lloran. Cada vez quieren participar más en cosas como la educación de los hijos, en los asuntos del hogar, de la familia". Lo positivo de todo esto es que ahora, más que antes, el hombre ha entendido que sus aportes al hogar no son exclusivamente económicos. Y ha sido la mujer quien se ha encargado, tal vez sin quererlo, de contribuir al cambio de roles.

1. La mujer debe ir a la universidad para que ella _____

   _____

   _____

2. El matrimonio se acabará, a menos que _____

   _____

   _____

3. Las mujeres se sienten desconcertadas cuando los hombres _____

   _____

   _____

4. Las mujeres pueden tener hijos y una vida profesional activa, con tal de que los
   maridos _____

   _____

   _____

A escribir

14-21 El año 2050. How will women's and men's roles have changed by the year 2050?
Think about the issues of equality discussed in activities 14-19 **Roles distintos** and 14-20
Roles compartidos. Then, write a **pronóstico** for the year 2050. Think about some of the
following issues: will a woman be president of the United States?; will men and women
both receive time off to care for children?; will an equal number of men and women hold
positions as top executives?, etc.

_____

_____

_____

_____

_____

_____

_____

_____

14-22 Los efectos del tabaco. You are conducting a study about the social, economic, and health effects the consumption of tobacco has on the population of developing countries. Read this article about smoking and cancer in Honduras and answer the questions.

Vocabulario nuevo	
fumadores *smokers*	riesgo *risk*

Fumar causa 70% de las muertes en países pobres, afirmó en Honduras la OPS

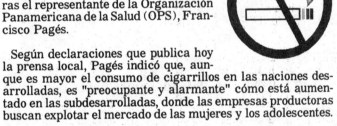

TEGUCIGALPA, (EFE).- El 70 por ciento de las muertes que se registran en los países pobres es causado por el consumo de tabaco, afirmó en Honduras el representante de la Organización Panamericana de la Salud (OPS), Francisco Pagés.

Según declaraciones que publica hoy la prensa local, Pagés indicó que, aunque es mayor el consumo de cigarrillos en las naciones desarrolladas, es "preocupante y alarmante" cómo está aumentado en las subdesarrolladas, donde las empresas productoras buscan explotar el mercado de las mujeres y los adolescentes.

En Honduras el tabaco causa entre el 58 y el 60 por ciento de los casos de cáncer, que motiva unas 350 muertes anuales en el país, según estudios de la Asociación Hondureña contra el Cáncer.

La presidenta de esa organización privada, Flora Duarte, dijo que actualmente se registran 58 casos por cada 100.000 hondureños, pero se prevé que se eleven a 86 en el año 2000 y a 126 en el 2010.

Señaló que, según estudios de la asociación, uno de cada cuatro fumadores puede morir prematuramente por enfermedades cardiovasculares o pulmonares, y el consumo de cigarrillos puede causar cáncer de labios, lengua, esófago, laringe, pulmones, riñones, páncreas, ovarios y de otros órganos.

El presidente de la Comisión Nacional para el Control del Tabaquismo (CONACTA), Juan Almendares, subrayó que las personas no fumadoras también corren el riesgo de sufrir cáncer por exponerse al humo expulsado por los fumadores.

Al menos 23 sustancias contenidas en el humo de los cigarrillos son cancerígenas, comentó.

1. ¿Cuál es la idea principal del artículo?

_____

_____

2. ¿A qué sector de la población quieren explotar las empresas de tabaco?

_____

_____

3. ¿Cuántas personas mueren de cáncer anualmente?

_____

_____

4. Por cada 100.000 hondureños, ¿cuántos tienen cáncer actualmente? ¿Cuántos lo tendrán en el año 2000? ¿y en el 2010?

_____

_____

5. ¿Qué partes del cuerpo pueden ser afectadas por cáncer debido al consumo de tabaco?

_____

_____

6. ¿Por qué los no fumadores pueden ser tan afectados por el cáncer como los fumadores?

_____

_____

14-23 El fumar te puede matar *(kill)*. Your best friend is a heavy smoker. Write a letter using the information from the previous article to explain to him/her the dangers of using tobacco. Try to persuade him/her to quit smoking.

_____

_____

_____

_____

_____

_____

_____

_____

_____

_____

_____

Lección 15
La ciencia y la tecnología

A PRIMERA VISTA

15-1 Asociaciones. In what class would the items on the right most likely be discussed?

_____ 1. informática   a. ser humano

_____ 2. astronomía   b. ordenador

_____ 3. geografía   c. atolón

_____ 4. biología   d. planeta

_____ 5. ecología   e. tierra

15-2 El mundo de hoy. Choose the best word from the box to finish each sentence. There are more words than needed.

cuenca	transbordador espacial	cosecha	fax
espacio (space)	desforestación	recursos	correo electrónico

1. Los astronautas viajan por el _____.

2. Los astronautas viajan en el _____.

3. Venezuela y Colombia forman parte de la _____ del Caribe.

4. La _____ de la región amazónica afecta el medio ambiente de nuestro

   planeta.

5. El _____ y el _____ son medios de comunicación que nos

   ponen en contacto con todo el mundo instantáneamente.

15-3 Preguntas generales. Living in a fast-paced world has many advantages and disadvantages. Give your opinion on the subject by answering these questions.

1. En su familia, ¿hay alguien que tenga un buscapersonas? ¿Por qué?

   _____

   _____

2. ¿Tiene un teléfono portátil? ¿Cuál es la ventaja de tenerlo?

_____

_____

3. ¿Qué se puede hacer para evitar la extinción de algunas especies de animales?

_____

_____

4. ¿Se debe gastar más dinero para la exploración del espacio? ¿Por qué?

_____

_____

5. ¿Qué problemas presenta la desforestación?

_____

_____

6. ¿Qué puedes hacer tú para eliminar la contaminación ambiental del aire y del agua?

_____

_____

EXPLICACIÓN Y EXPANSIÓN

Síntesis gramatical

1. The present perfect subjunctive

yo	haya	
tú	hayas	
Ud, él/ella	haya	hablado
nosotros/as	hayamos	comido
vosotros/as	hayáis	vivido
Uds., ellos/s	hayan	

2. The conditional perfect and the pluperfect subjunctive

yo	habría	
tú	habrías	
Ud., él, ella	habría	hablado
nosotros/as	habríamos	comido
vosotros/as	habríais	vivido
Uds., ellos/as	habrían	

yo	hubiera	
tú	hubieras	
Ud., él, ella	hubiera	hablado
nosotros/as	hubiéramos	comido
vosotros/as	hubierais	vivido
Uds., ellos/as	hubieran	

3. *Se* for unplanned occurences

SE + *INDIRECT OBJECT PRONOUN* + *VERB*
Se nos terminó la gasolina.   *We ran out of gas.*
Se nos terminaron los refrescos.   *We ran out of sodas.*

4. The passive voice

SER + *PAST PARTICIPLE*
La planta nuclear **fue construida** en 1980.
Los árboles **fueron destruidos por** la lluvia ácida.

The present perfect subjunctive

15-4 Identificación. Choose the present perfect subjunctive form that best completes the following sentences.

1. Espero que (hayan conseguido/hayan amenazado) más información sobre terremotos.

2. Ojalá que (hayan apagado/hayan venido) a vernos.

3. No creo que (haya demostrado/haya sido) un problema serio.

4. Es posible que (haya roto/haya visitado) ese lugar.

5. Dudo que ellos (hayan visto/hayan dicho) el desfile.

15-5 Reacciones. React to your friend's statements using the phrases in the box.

Es bueno que. . .	Es una lástima que. . .	Siento que. . .
Me alegro que. . .	Es posible que. . .	Dudo que. . .

MODELO: He comido 20 hamburguesas.
        Dudo que hayas comido 20 hamburguesas.

1. Jacinto y Nicolás han buceado en el atolón de Australia.

    _____

2. Yo he diseñado el auto del futuro.

    _____

3. Los científicos no han descubierto vida en el planeta Marte.

    _____

4. El tornado ha roto todas las ventanas.

    _____

5. Enrique y yo hemos manejado por todas las ciudades más grandes de los Estados Unidos.

    _____

6. Tú has tenido un accidente automovilístico.

    _____

15-6 Una visita a la ciudad de México. How would you tell your friend, who has just arrived from Mexico City, that you hope he has done the following things?

MODELO: visitar las pirámides de Teotihuacan
        Espero que hayas visitado las pirámides de Teotihuacan.

1. ir a una corrida de toros

    _____

2. probar comida típica mexicana

    _____

3. ver los murales de Rivera, Orozco y Siqueiros

    _____

4. caminar por el Bosque de Chapultepec

    _____

5. oír a los mariachis

The conditional perfect and the pluperfect subjunctive

15-7 En México. When your friends visited Mexico, they didn't have enough time to see all they wanted. Write sentences telling what they would have done if they had had more time based on the following information.

MODELO: tener / tiempo / visitar / Guadalajara
Si hubieran tenido tiempo, habrían visitado Guadalajara.

1. conocer / familias mexicanas / hablar más español

   _____

2. tener / dinero / estar / hotel elegante

   _____

3. leer / sobre / culturas precolombinas / disfrutar más / el viaje

   _____

4. ir / Yucatán / visitar / ruinas de Chichén-Itzá

   _____

5. comprar / boletos / ver / corrida de toros

   _____

15-8 Posibilidades. Complete the following sentences.

1. Si yo hubiera estudiado más _____

   _____

2. Si yo hubiera vivido en Perú _____

   _____

3. Si yo hubiera conocido a Einstein _____

   _____

4. Si yo hubiera vivido en el siglo XV _____

_____

15-9 Ojalá que. . . Respond affirmative or negatively to the following situations using **Ojalá que.**

MODELO: Manolo y yo vimos una nave espacial y nuestra vida cambió
drásticamente.
Ojalá que no hubiéramos visto una nave espacial.

1. Los jóvenes bebieron mucha cerveza y tuvieron un accidente.

_____

2. Lucía no estudió para los exámenes finales y sacó malas notas.

_____

3. Juan usó drogas el año pasado y tuvo muchos problemas con la policía.

_____

4. Tú comiste carne contaminada y te enfermaste gravemente.

_____

5. Mis tíos jugaron la lotería y ganaron mucho dinero pero no yo jugué.

_____

Se for unplanned ocurrences

15-10 Problemas, problemas. Complete the following statements logically.

MODELO: Ayer se me perdió. . .
Ayer se me perdió el libro de francés.

1. Esta mañana se nos acabó _____
   _____.

2. Hoy en la clase se me olvidaron _____
   _____.

3. Ayer en el aeropuerto a Faustino se le olvidó _____
   _____.

4. Anoche a Estela y a Sonia se les cayeron _____
   _____.

5. Esta mañana cuando Graciela salió de la casa se le olvidó _____
   _____.

15-11 Un día de perros (*An awful day*). Write a list of the terrible things that happened to Anita yesterday during her mathematics exam using the information provided.

MODELO: descomponerse la calculadora
Se le descompuso la calculadora.

caerse el lápiz cinco veces

olvidarse las fórmulas importantes

quedarse la mente en blanco

perderse el bolígrafo

acabarse el papel

1. _____

2. _____

3. _____

4. _____

5. _____

15-12 ¡Qué mala suerte! Several things happened to you and your roommate before you got to school yesterday. Organize the events in order by writing the appropriate number (1,2,3, etc.) next to each.

_____ Se nos perdieron las llaves, pero no nos dimos cuenta hasta el momento de salir de la casa.

_____ Quisimos entrar en la casa de nuevo, pero se nos cerró la puerta.

_____ Ayer estuvimos de mala suerte.

_____ Íbamos a tomar un autobús a la universidad, pero se nos acabó el dinero.

_____ Nos salió mal todo lo que hicimos.

_____ Al fin un amigo nos llevó en su auto y al llegar a la clase de español se nos cayeron los libros.

15-13 ¿Qué pasó? Use **se** for unplanned or accidental events to tell what caused the following situations.

MODELO: Juan no puede leer el periódico.
         Se le rompieron las gafas.

1. Tú no puedes ir al concierto esta noche.

   _____

2. María tuvo que lavar los platos en el restaurante.

   _____

3. Ustedes no pueden entrar en su casa.

   _____

4. Hoy dejé mi auto en el taller.

   _____

5. Hortensia se levantó tarde.

   _____

The passive voice

15-14 Titulares. You must write the headlines for some of the articles in a newspaper. Rewrite the following news flashes using the passive voice.

MODELO: Los rebeldes tomaron la capital.
La capital fue tomada por los rebeldes.

1. El huracán destruyó el parque.

   _____

2. La policía encontró a los asesinos.

   _____

3. La Cruz Roja ayudó a los vecinos.

   _____

4. El agua inundó las calles.

   _____

5. Un perro de la policía descubrió las drogas.

   _____

15-15 Un reportaje. Today's headlines talk about one of the largest drug busts in your city. Your friend wants to know everything about it. Answer his/her questions using the passive voice and the information in parentheses.

MODELO: ¿Quién capturó al narcotraficante? (perro policía)
El narcotraficante fue capturado por el perro policía.

1. ¿Cuándo mandaron los paquetes? (ayer)

   _____

2. ¿Quién alquiló la habitación? (los Escobares)

   _____

3. ¿Quién llamó a la policía? (el botones)

_____

4. ¿Cuándo revisaron las maletas? (al llegar al hotel)

_____

5. ¿Quién decomisó las drogas? (la policía)

_____

MOSAICOS

A leer

15-16 Ayer, hoy y mañana. How has our world changed, and how will it change in the future? Complete the following chart that compares **ayer, hoy y mañana** in relation to technological advances. Be creative when assessing the future.

Ayer	*Hoy*	*Mañana*
_____	microondas	_____
_____	_____	monorraíl
papel y pluma	_____	_____
_____	correo electrónico	_____
_____	_____	habitantes en Martes (Mars)
_____	teléfonos	_____

15-17 Un parque tecnológico. Economic development and job creation are high-priority goals in Spain and Latin America. Read this ad that promotes a technological park in Málaga, Spain, and complete the chart.

Vocabulario nuevo		
emplazamiento *location*	ocio *leisure time*	
entorno *adjacent area*	inversión *investment*	avance *expansion*

Málaga. Emplazamiento ideal para un Parque Tecnológico

Málaga, situada estratégicamente en la Costa Sur de España, en la histórica región de Andalucía, se caracteriza por una atractiva topografía, un envidiable clima mediterráneo con una temperatura media anual de 18,2º C y más de 3.000 horas anuales de sol, y una gran variedad de ofertas deportivas y en general, de ocio, producto de su gran infraestructura turística.

La población provincial - con la media de edad más joven de España - es de, aproximadamente, 1,2 millones de habitantes, de los cuales, el 60% se localiza en la capital y entorno próximo de la costa.

Málaga vive en la actualidad un fuerte proceso de desarrollo. Se están realizando importantes inversiones en comunicaciones (carreteras, ferrocarriles, aeropuerto, telecomunicaciones, etc.) y una industria en continuo avance, de forma que Málaga ocupa un lugar privilegiado entre las provincias españolas con mayor índice de crecimiento económico.

La ciudad posee una joven y dinámica universidad con más de 23.000 alumnos, 20 Facultades y Centros de Enseñanza Superior, entre los que destacan las dedicadas a las Tecnologías de la Información y la Producción.

Distribución sectorial de la economía en Málaga	Sectorial distribution of the economy in Málaga
SERVICIOS 69%	SERVICES 69%
INDUSTRIA 24%	INDUSTRY 24%
AGRICULTURA 7%	AGRICULTURE 7%

Complete the following chart with information from the article.

Características positivas de Málaga	
Clima	
Oportunidades para el ocio	
Población	
Comunicaciones	
Desarrollo económico	
Educación	

15-18 Ud. quiere ser alcalde. Imagine you are running for mayor of the capital city of your home state. Make a list of your top three investment priorities in the areas of **tecnología y ciencias**, then write a brief speech outlining a specific program you have planned to bring your city into the 21st century. In your speech, include what you want/expect the citizens to do to help you achieve your goals.

Prioridades

1. _____

2. _____

3. _____

Queridos ciudadanos,

_____
_____
_____
_____
_____
_____
_____
_____
_____
_____

A escribir

15-19 Las redes computarizadas. This is the information age. Read this article about the possibility of being "attacked" by cyberspace terrorism and answer the following questions.

Vocabulario nuevo		
amenaza *threat*	**balas** *bullets*	**alcance** *reach*
guerra *war*	**tras** *after*	

Amenaza fatal en redes computarizadas

WASHINGTON (AFP) - Estados Unidos, cuya economía, sociedad y defensa se basan cada vez más en la informática y las tecnologías afines, descubre la amplitud de su vulnerabilidad ante una nueva amenaza: el ciberterrorismo.

TERRORISMO

Arpanet, la red creada en 1969 por el departamento de Defensa para conservar las comunicaciones vitales en caso de guerra nuclear –que se convirtió en Internet debido a su formidable desarrollo civil– está al transformarse en el Talón de Aquiles de la seguridad estratégica de Estados Unidos.

Signo de esta creciente inquietud es que los expertos y autoridades federales no vacilan en evocar posibles "Pearl Harbour electrónicos", o "Chernobiles numéricos".

Esta semana el presidente Bill Clinton instauró una comisión encargada de reflexionar a esos problemas, que dentro de un año dará una serie de

(Pasa a la Pág. 11-A Col. 1)

Amenaza terrorista en las redes de computadoras

(Viene de la pág. 1-A)

recomendaciones para reforzar la seguridad de las infraestructuras consideradas vitales para el país.

"Los avances tecnológicos están cambiando el rostro de la guerra y la forma en que nos preparamos para enfrentarla", reconoció recientemente el secretario de Defensa William Perry, mientras el director de la CIA, John Deutch, consideró que el ciberterrorismo es la amenaza más inmediata para Estados Unidos tras "las armas de destrucción masiva".

En un estudio de la RAND Corporation, organismo independiente de California, se presenta un recuadro de los ataques potenciales sobre estructuras privadas o públicas: parálisis de los centros de llamada de urgencia, utilización de canales de televisión para amenazar, modificación de las trayectorias de los trenes y aviones para provocar choques, falsificación de cuentas bancarias y gigantescas fallas en el sistema eléctrico.

"La próxima guerra no se hará con balas, sino con la información", afirmó a la AFP Jim Settle, consultante de seguridad y ex director de la brigada de lucha contra la criminalidad informática del Buró Federal de Investigaciones (FBI).

La guerra cibernética está al alcance de todos. Los guerreros del ciberespacio son anónimos y sólo requieren un teléfono celular, un módem y un microordenador.

En 1994, un pirata alemán advirtió a los responsables del centro de intercambios de seguridad nacional (NSIE), encargado de la seguridad de Wall Street, que había logrado controlar los sistemas informatizados de la climatización en las salas donde están los superordenadores que administran las transacciones de la bolsa de Nueva York.

---

1. ¿A qué es vulnerable Estados Unidos?

_____

_____

2. ¿Qué lo hace tan vulnerable?

_____

_____

3. ¿Con qué otro nombre se conoce Arpanet? ¿Cuándo fue creada Arpanet? ¿Por quién? ¿Para qué?

   _____

   _____

   _____

4. ¿Qué quiere decir la frase "Internet. . . está al transformarse en el Talón de Aquiles de la seguridad estratégica de Estados Unidos"?

   _____

   _____

   _____

5. Según el director de la "CIA", ¿Cuáles son las dos amenazas mayores a la seguridad de Estados Unidos?

   _____

   _____

   _____

6. ¿Cuál sería el efecto de atacar las estructuras privadas o públicas?

   _____

   _____

   _____

7. La guerra cibernética, ¿es sólo un problema del futuro? ¿Por qué sería difícil capturar a los guerreros de esta guerra?

   _____

   _____

   _____

8. ¿Qué ocurrió en 1994 que ha preocupado tanto al gobierno de Estados Unidos?

   _____

   _____

   _____

15-20 El ciberterrorismo. You are the chairperson of a commission appointed by the President of the United States to determine if the risk of cyberspace terrorism is real and, if so, the effect it would have on the infrastructure of the country. Write a letter to the President explaining the findings of the commission.

_____

_____

_____

_____

_____

_____

_____

_____

_____

_____